专题询问

人大监督新路径

杨志玲 著

中国社会科学出版社

图书在版编目(CIP)数据

专题询问：人大监督新路径/杨志玲著.—北京：中国社会科学出版社，2023.8

ISBN 978-7-5227-1660-2

Ⅰ.①专… Ⅱ.①杨… Ⅲ.①全国人民代表大会—监督—工作—研究 Ⅳ.①D622

中国国家版本馆CIP数据核字（2023）第187066号

出 版 人	赵剑英
责任编辑	田　文
特约编辑	金　泓
责任校对	张爱华
责任印制	王　超

出　　版	中国社会科学出版社
社　　址	北京鼓楼西大街甲158号
邮　　编	100720
网　　址	http://www.csspw.cn
发 行 部	010-84083685
门 市 部	010-84029450
经　　销	新华书店及其他书店
印　　刷	北京君升印刷有限公司
装　　订	廊坊市广阳区广增装订厂
版　　次	2023年8月第1版
印　　次	2023年8月第1次印刷
开　　本	710×1000　1/16
印　　张	13
插　　页	2
字　　数	185千字
定　　价	69.00元

凡购买中国社会科学出版社图书，如有质量问题请与本社营销中心联系调换
电话：010-84083683
版权所有　侵权必究

序

1945年7月，黄炎培先生到延安考察，与毛泽东同志有一段谈话。黄炎培谈到"其兴也勃焉，其亡也忽焉"，称历朝历代都没能跳出兴亡周期律。毛泽东表示："我们已经找到新路，我们能跳出这周期率。这条新路，就是民主。只有让人民来监督政府，政府才不敢松懈。只有人人起来负责，才不会人亡政息。"① 2012年12月，党的十八大召开一个月后，习近平总书记走访了8个民主党派中央和全国工商联，并分别与其领导人座谈，称毛泽东和黄炎培在延安窑洞关于历史周期律的一段对话，至今对中国共产党都是很好的鞭策和警示。在2021年10月召开的中央人大工作会议上，习近平总书记进一步强调，人民代表大会制度，坚持国家一切权力属于人民，最大限度保障人民当家作主，把党的领导、人民当家作主、依法治国有机结合起来，有效保证国家治理跳出治乱兴衰的历史周期率。

在我国的政治实践中，最主要的体现为人民对人大及其常委会的监督、人大及其常委受人民委托对"一府一委两院"的监督。人民代表大会制度是我国的根本政治制度，是实现人民当家作主的根本保证。正如习近平总书记所指出的，"人民代表大会制度的重要原则和制度设计的基本要求，就是任何国家机关及其工作人员的权力都要受到制约和监督"，"让人民来监督政府"。②

---

① 中共中央文献研究室编：《毛泽东年谱（1893—1949）》中册，中央文献出版社2013年版，第611页。
② 习近平：《在庆祝全国人民代表大会成立60周年大会上的讲话》，人民出版社2014年版，第11页。

◇ 专题询问　人大监督新路径 ◇

依法履行监督职责，积极开展监督工作，是宪法和法律赋予各级人大及其常委会的一项基本职权。从1979年第五届全国人民代表大会第二次会议通过修正宪法的决议和地方组织法，决定在县级以上地方各级人民代表大会设立常委会，并赋予人大常委会监督职权，到2006年8月27日十届全国人大常委会表决通过监督法，再到党的十九届四中全会通过的《中共中央关于坚持和完善中国特色社会主义制度、推进国家治理体系和治理能力现代化若干重大问题的决定》，将"坚持和完善党和国家监督体系"列为专门一章进行部署，人大常委会的监督工作已经走过40多年。40多年来，在党的领导下，各级人大常委会认真履行宪法和法律赋予的监督职责，有力保障了党的路线方针政策的贯彻落实，有力促进了依法行政和公正司法，有力维护了公民和法人的合法权益，为发展社会主义民主和健全社会主义法制发挥了重要作用，彰显了人民代表大会制度的优势。

询问是人大及其常委会行使监督职权的一种法定方式。专题询问是询问这种监督形式的深化。2010年3月，十一届全国人大三次会议审议通过的全国人大常委会工作报告提出，年内将选择代表普遍关心的问题听取国务院有关部门专题汇报，请国务院有关部门主要负责同志到会听取意见、回答询问、答复问题。同年6月24日，十一届全国人大常委会第十五次会议分组审议国务院关于2009年中央决算报告，受国务院委托，财政部多位负责人到会回答询问。这也是全国人大常委会首次进行专题询问。此后，全国人大常委会就粮食安全、医药卫生体制改革、保障性住房建设、教育改革、农田水利建设、保障饮用水安全等问题，结合审议国务院相关报告，陆续开展了多次专题询问。

与询问相比，专题询问的主题更加集中，监督更有针对性，推动有关方面改进工作的力度更大。专题询问的出现，是提高常委会会议审议质量、增强监督工作实效的积极探索，是人民代表大会制度与时俱进的重要体现。在全国人大常委会开展专题询问后，各级地方人大常委会也积极探索，陆续开展了专题询问活动。从2011年9月开始，云南省人大常委会多次分别就城乡规划"一法一条例"实施情况、检察机关开展公益诉讼工作、高原湖泊环境问题专

◇ 序 ◇

项督察及整改进展情况、脱贫攻坚工作、旅游市场综合监管工作等向省政府及有关部门进行专题询问。

近年来,人大及其常委会的专题询问日趋规范化、常态化,辐射范围越来越广、影响越来越大,引起社会各界的广泛关注。但由于专题询问理论探索不够,实际运行过程中也存在一些短板,需要进行认真研究,在理论和制度层面对存在的问题进行积极回应。云南大学杨志玲教授的新作《专题询问 人大监督新路径》就在这方面做了有益的探索。这部著作对专题询问存在的问题找得准、原因分析深刻、对策建议很有针对性,这对加强和改进人大常委会专题询问工作,增强人大监督工作的针对性和实效性具有积极意义。总体而言,该成果体现出三个特点。

一是选题新。专题询问因其组织性、指向性、正式性、刚性更强,使监督的针对性、实效性更突出,从而丰富和拓展了询问这种法定监督方式的内涵和外延,是监督工作的重大创新。但正是因为新,大家对其了解不深入、不全面,实际工作也有许多问题需要解决,所有这些都需要理论工作者进行积极回应,既答疑释惑又促进工作。杨志玲教授的学术敏锐性无疑是很强的,她抓住了专题询问这个在理论和现实层面都急需深入探索的重大命题,这是一定会产生成果、产生大成果的研究领域。

二是内容实。习近平总书记曾经在一次讲话中列举了毛泽东同志1930年寻乌县调查的例子,强调毛泽东同志这种深入、唯实的作风值得我们学习。在杨志玲教授的著作中我们可以看到大量的数据和生动的案例,专题询问干什么、怎么干、干了多少次,清清楚楚、一目了然。看得出来,杨志玲教授在调查研究方面是下了功夫的,她的"这种深入、唯实的作风"同样值得给予肯定。

三是问题准。问题是事物矛盾的表现形式,也是破解矛盾的着力点。习近平总书记反复强调,"我们中国共产党人干革命、搞建设、抓改革,从来都是为了解决中国的现实问题"[①]。为什么要有专题询问这

---

① 《习近平谈治国理政》,外文出版社2014年版,第74页。

种形式？就是为了防止监督走过场，强化监督实效。研究专题询问，一个问题必须要搞清楚，不能含糊，那就是针对存在问题，提出改进举措。在杨志玲教授的著作中，她点出了专题询问存在的一些问题。应该说，这些问题还是点得比较准的，点在了专题询问的痛点上。正是因为问题点得准，后面改进措施的针对性、操作性还是比较强的。当然，也存在有的地方问题分析点到即止、缺乏必要的案例和论据支撑的情况。不过，这对一位不在人大工作的学者而言，已经很难得了。

2017年，"健全党和国家监督体系""构建党统一指挥、全面覆盖、权威高效的监督体系"被正式写入党的十九大报告。2019年，党的十九届四中全会提出"必须健全党统一领导、全面覆盖、权威高效的监督体系，增强监督严肃性、协同性、有效性，形成决策科学、执行坚决、监督有力的权力运行机制，确保党和人民赋予的权力始终用来为人民谋幸福"。可见，党和国家对健全完善权力运行制约和监督体系已经完成了顶层设计。健全完善权力运行制约和监督体系，是一项复杂的系统工程，是一项艰巨的任务，需要有效推动各类监督有机贯通、相互协调，以增强监督合力，切实将党和国家监督的制度优势，转化为国家治理的实际效能。专题询问从出现到现在已经走过了11年。这11年里，专题询问从无到有，已日渐成为各级人大常委会进行科学监督、有效监督、依法监督的重要方式。但是，正如前面说过，作为一种崭新的监督形式，专题询问需要解决的理论问题、实践问题还有很多，迫切需要加强研究，让专题询问认知度更高、操作性更好、实效性更强。为此，还需要理论界，特别是从事人大制度理论研究的专家学者多关注专题询问这个重大的理论和现实命题，而杨志玲教授的新作仅仅只是一个开始。

是为序。

林文勋

2021年10月18日

目　录

导　言 ……………………………………………………………（1）

第一章　人民代表大会的监督思想渊源 ……………………（5）
　一　马克思主义人民民主专政和权力监督理论 ………（5）
　二　西方现代政治理论的借鉴 …………………………（20）
　三　深厚的"民本"思想积累 …………………………（27）

第二章　人民代表大会传统监督方式与成效 ………………（33）
　一　人民代表大会监督权的内容及其特征 ……………（33）
　二　人民代表大会监督的运行原则 ……………………（39）
　三　人民代表大会监督效能的滞后 ……………………（41）
　四　人民代表大会监督效能发挥的制约性因素 ………（43）

第三章　人民代表大会的新监督方式：专题询问 …………（47）
　一　专题询问兴起的社会背景 …………………………（48）
　二　专题询问的内涵与规则 ……………………………（57）
　三　专题询问的法律和工作机制 ………………………（65）

第四章　人民代表大会专题询问监督的现状 ………………（73）
　一　全国人大常委会专题询问统计与案例 ……………（73）
　二　地方各级人大常委会的专题询问基本情况与案例 …（82）

第五章 人民代表大会专题询问监督的问题与完善 …………（92）
　　一　人民代表大会专题询问监督存在的问题及成因 ………（92）
　　二　人民代表大会专题询问监督的发展与完善 ……………（102）

附件一　全国人大联组会议专题询问建设现代综合交通运输体系有关工作情况 ……………………（110）

附件二　云南省人大联组会议专题询问省政府脱贫攻坚工作情况 ………………………………………（134）

附件三　福州市人大联组会议专题询问《福州市城市内河管理办法》实施情况 ……………………（161）

参考文献 ……………………………………………………（194）

后　记 ………………………………………………………（201）

导　　言

近代以来，随着人类政治文明的发展，权力如何才能被监督成为政治学的核心问题之一。权力监督在某种程度上源于人类对国家认识的不断加深。国家在人类社会发展过程中居于无可替代的地位，不仅是人类文明开端的重要标志，也是人类文明发展的重要动力与保障。但自国家产生以来，政府的职能和权力呈现逐步扩大的趋势，甚至经常打破国家与社会的正常逻辑边界而出现政府治理的失效。

在权力监督的理论与实践方面，近代以来出现了两大模式。其中一支以"分权制衡"为原则，将统一的国家权力分为立法、行政与司法，三者相互分离又相互制约，以英、美、法、德、日等国为代表；另一支则以"民主集中制"为原则，强调代议制机关（在中国是全国人民代表大会）是国家的最高权力机关，与其他国家机关之间是一种决策与执行、监督与被监督的关系，以中国等社会主义国家为代表。

依照我国宪法和有关法律的规定，监督权是宪法和法律赋予各级人大及其常委会的重要职权，各级人大及其常委会通过报告审议、执法检查、备案审查、询问、质询、调查、罢免等方式对其他国家机关进行监督。"人民代表大会与其他国家机关构成监督与被监督的关系，是人民代表大会具有国家权力机关性质的重要标志。特别是对一些不具有立法权的地方人民代表大会来说，监督权就显得更为重要。"①

---

① 蔡定剑：《中国人民代表大会制度》，法律出版社2003年第4版，第364页。

◇ 专题询问 人大监督新路径 ◇

2010年6月24日,十一届全国人大常委会第十五次会议分组审议了国务院关于2009年中央决算报告,这是全国人大常委会开展的首次专题询问。近年来,在全国人大和中央政府的推动下,地方人大积极推动对专题询问的立法,并就一些社会公众关注度较高的专项问题开展了询问工作。然而在现实的政治实践过程中,出于各种原因,人大的监督权并没有得到很好落实。如在常委会分组会议审议有关议案和工作报告时,由于有关部门应答人员准备不充分或级别较低而导致答复缺乏权威性,这在一定程度上影响了人大监督的权威性与严肃性。又如,因部分人大代表与人民群众的联系不够、宣传不足,人民群众配合人大调研的积极性并不高。如此一来所确定的专题询问选题缺乏民主性、适用性,无法有效保证其为人民群众关心关注的热点问题。因此,为确保专题询问顺利开展,全国人大常委会制定了《关于开展专题询问的实施方案》,国务院也专门发布《国务院办公厅关于积极配合全国人大常委会做好询问有关工作的通知》,明确国务院各部门必须配合全国人大专题询问工作,按规定应询。

人民代表大会制度是构建国家治理体系的重要一环,也是国家治理能力现代化的根本保障和重要推动力。习近平总书记指出:"人民代表大会制度是中国特色社会主义制度的重要组成部分,也是支撑中国国家治理体系和治理能力的根本政治制度。"① 因此,我们要准确把握这一重要论述的深刻内涵和实践要求,按照党的十九届四中全会部署,在新的历史起点上推动人民代表大会制度与时俱进,坚持和完善人民当家作主制度体系。作为一种新型人大监督方式,在推进中国社会高质量发展和建设法治国家、法治政府、法治社会的关键时期,专题询问制度的启动实施对推动人大监督权的落实和推进国家治理体系现代化均具有重大意义。

本书的研究分为以下几个部分:

第一章,梳理我国人民代表大会监督理论的宏观思想来源。其

---

① 《习近平关于社会主义政治建设论述摘编》,中央文献出版社2017年版,第44页。

导　言

思想来源不仅包括西方的监督理论和思想，同时也包括马克思主义监督理论。这些思想和观点不仅内在规定着人大监督权的结构和行为逻辑，同时也在一定程度上预设了其价值导向及其与宏观政治结构的关系。

第二章，作为政治监督的重要主体，人大整体监督权的实施和效能是专题询问的另一政治背景。在此部分，笔者将根据相关资料，对近年来人大监督权的实施情况以及人大代表的监督意识进行评估分析，以此总结传统监督方式存在监督效能弱化的问题。同时引出人大新型监督方式——专题询问开展的必要性和现实性。

第三章，从专题询问兴起的社会背景出发探究其法律依据和合法性问题。专题询问的兴起与我国当前的社会形势关系密切，随着社会的加速发展和利益多元化，社会矛盾高发，人大社会稳定器的功能日益凸显。因此社会变革期的社会特征，推动着专题询问的开展，还影响其工作重点。其次，专题询问属于询问的一种，但其主体、适用范围与一般询问以及其他监督方式有一定区别。鉴于此，对国家相关法律和政策进行梳理，有助于确定研究对象的内涵范畴，避免相关概念的泛化和误用。实践中，笔者拟通过参考不同地区指定的相关法律和条文，对人大专题询问的要素和特征进行归纳着手实证研究。

此外，进一步考虑专题询问的法制化问题。目前，全国、省、市人大已经制定了相关的法律法规，初步做到专题询问有法可依、有章可循。通过梳理这些文件，笔者试图初步阐述专题询问的一般法律依据和流程，描摹出其宏观样貌。

第四章，在上述研究基础上，笔者将进一步以全国和各级人大已开展的专题询问工作为观察样本，概括其基本特征，并结合具体案例，研究当前专题询问的实际运行情况。

第五章，结合不同层级人大专题询问的现状总结人大专题询问现存问题，探索产生问题的原因，最后提出具体的发展完善措施。以便专题询问社会稳定器的作用发挥更大的实效。

最后，收录了三份人大专题询问实录，从中可以真切地看到专题询问开展的细节,从而为进一步开展专题询问研究提供材料支撑。

综上,专题询问的诞生与发展,与中国整体制度设计、政治文化和政治生态关系密切。但总体而言,专题询问还是新事物,尚处于发展探索阶段。因此,研究专题询问理论、梳理专题询问产生的背景、总结专题询问推广实施中的经验与不足、探寻其渐进完善的路径与方法,切实改善其监督实效,是加强各级人大常委会建设和强化人大常委会对"一府一委两院"监督的重要举措。

第一章 人民代表大会的监督思想渊源

从社会学意义上看，监督"主要是指人们为了达到政治、经济、军事、司法方面的某种目的或目标，仰仗一定的权力，通过对社会公共治理中若干事务的内部分工约束或外部民主性参与控制等途径，针对公共权力的资源、主体权责、运作效能等而相对独立地开展的检查、审核、评议、督促活动"[1]。我国宪法和法律赋予了人大较强的监督权力和价值，"不仅利于弥补我国国家监督体系的不足和缺陷，加强对权力的横向监督，而且还利于把党的领导、人民当家作主与依法治国有机地统一起来，实现治国方略的转换"[2]。

我国监督制度深受马克思主义监督理论和西方相关政治思想的影响。这种双重影响，不仅能使人大的监督职能发挥代议制制度的科学性，同时也可以避免西方代议制的某些弊端，最大程度地发挥其政治效能，维护我国的政治稳定和发展。

一 马克思主义人民民主专政和权力监督理论

马克思主义人民民主理论和监督思想是我国人大监督制度最重要的思想来源，从根本上决定了我国人大监督权的内在结构和运行规则，同时也间接影响了其制度效应和演化路径。

---

[1] 尤光付：《中外监督制度比较》，商务印书馆2003年版，第1页。
[2] 林伯海：《人民代表大会监督制度的分析与构建》，中国社会科学出版社2004年版，第1页。

（一）无产阶级人民民主专政理论基本内容

无产阶级专政理论是马克思列宁主义的精髓，也是中国社会主义政治建设的精髓。历史上第一次提出无产阶级用暴力推翻资产阶级、建立自己统治的是1848年的《共产党宣言》。1852年3月，马克思在致友人魏德迈的信中，谈及自己对于社会阶级斗争的新贡献。他说，发现社会阶级斗争"不是我的功劳"，"我所加上的新内容就是证明了下列几点：（1）阶级的存在仅仅同生产发展的一定历史阶段相联系；（2）阶级斗争必然导致无产阶级专政；（3）这个专政不过是达到消灭一切阶级和进入无阶级社会的过渡……"①。1871年巴黎公社的建立，给予全世界无产阶级和革命人民强大的信心和信念。虽然仅仅存在了72天，但作为无产阶级夺取政权的先例，它无疑是历史上第一个伟大尝试。马克思亦及时将这一次尝试的宝贵经验和深刻教训总结在《法兰西内战》中。此后，马克思在《哥达纲领批判》中，对无产阶级专政进行了进一步叙述。马克思的无产阶级专政学说，对工人阶级革命理论作出了重大贡献。

列宁在领导俄国革命和反对第二国际机会主义的斗争中，继承和发展了马克思主义的无产阶级专政理论。1917年8月至9月间，列宁完成了《国家与革命》这部伟大著作。在这一著作中，列宁对修正主义者的资产阶级民主、自由以及议会道路等荒谬思想进行了驳斥，同时系统阐述了马克思主义国家学说。列宁明确指出："只有承认阶级斗争，同时也承认无产阶级专政的人，才是马克思主义者"，"必须用这块试金石来检验是否真正理解和承认马克思主义"。②列宁捍卫和发展了马克思主义国家学说，成为布尔什维克党组织、建设新型无产阶级国家的纲领性文献。十月革命的胜利标志着马克思的无产阶级专政学说由理论变为现实。人类历史上第一

---

① 《马克思恩格斯选集》第4卷，人民出版社1995年版，第547页。
② 《列宁全集》第31卷，人民出版社2017年版，第32页。

个工人阶级领导的国家由此诞生，书写了人类历史的新篇章。无论是理论还是实践，列宁对马克思主义的贡献都是极其重要的。

十月革命胜利 32 年后，中国人民在中国共产党的领导下取得了新民主主义革命的胜利。1949 年 6 月 30 日，在革命取得全国胜利、人民政权即将诞生的前夕，毛泽东同志发表了《论人民民主专政》，系统阐述了革命胜利后我们要建立的国家应该属于什么性质的问题。毛泽东指出，我们要建立的并非资产阶级共和国，而是在工人阶级领导下，以工农联盟为基础的人民民主专政国家。在这篇文献中，毛泽东依据马克思主义的基本原理，指出人类的最高理想是要实现共产主义，消灭阶级和作为阶级斗争工具的一切东西，包括政党和国家权力。全人类都要走这条路，问题只是时间和条件。而共产党的领导和人民民主专政的国家权力，则是为着促使这些东西的消灭而创设条件，而努力奋斗。

毛泽东将马克思列宁主义先进的无产阶级专政理论充分与我国的实际相结合，点明了人民民主专政的历史阶段任务是：首先，对内镇压已被推翻的反动阶级、反动派的反革命活动，打击各种刑事犯罪分子，并且尽可能地把他们改造成自食其力的新人；对外反对帝国主义的侵略和颠覆，保卫国家的独立和安全。其次，保护人民，发扬社会主义民主，使人民有可能在全国范围内和全体规模上，用民主的方法教育自己和改造自己，消除国内外反动派的影响，改造旧社会遗留下来的坏思想和坏习惯，真正行使当家作主的权利。最后，改革生产资料私有制，确立、建立生产资料公有制，加速发展和壮大社会主义经济，大力提高劳动生产率，并在发展生产的基础上努力提高人民的物质和文化生活水平，逐步缩小乃至消灭城乡之间、工农之间、脑力劳动者和体力劳动者之间的差别，逐步消灭阶级和阶级赖以存在和重新产生的条件。这三项任务是彼此联系、彼此促进、缺一不可的。毛泽东关于人民民主专政的理论是继列宁之后，对马克思主义国家学说的又一突破。它武装了全党和全国人民，为在中国实现无产阶级的历史任务提供了强大的思想武器。此后，"以毛泽东为代表的中国共产党人运用马克思列宁主义的无产阶级专政学说,结合中国实际,创立了人民民主专政理论和人民民主专政的国家制度"①。

(二) 马克思、恩格斯的监督思想

马克思和恩格斯在借鉴西方资产阶级相关理论的基础上,提出了社会主义国家的政治监督理论,后经列宁、毛泽东、邓小平等人的继承和发展,形成了今天马克思主义政党和无产阶级政权的监督理论。这些理论为我国当前专题询问制度提供了直接的思想来源。

马克思、恩格斯从国家与社会的关系着手,说明了权力监督和制约的重要性。恩格斯指出:"国家决不是从外部强加于社会的一种力量……国家是社会在一定发展阶段上的产物;国家是承认:这个社会陷入了不可解决的自我矛盾,分裂为不可调和的对立面而又无力摆脱这些对立面。而为了使这些对立面,这些经济利益互相冲突的阶级,不致在无谓的斗争中把自己和社会消灭,就需要有一种表面上凌驾于社会之上的力量,这种力量应当缓和冲突,把冲突保持在'秩序'的范围以内;这种从社会中产生但又自居于社会之上并且日益同社会相异化的力量,就是国家。"② 在阶级社会里,"国家和社会分离,国家凭借其从社会那里接受了公共权力承担者的身份,从而逐渐垄断了公共权力,并且使公共权力的性质从服务于社会逐渐演变为对社会实行统治和压迫,国家因此成了高居社会之上的力量"③。而国家对社会的管理,事实上是国家以公共权力承担者的角色进行的。故"国家,政治制度是从属的东西,而市民社会,经济关系的领域是决定性的因素"④。这就决定了社会必须监督国家,国家亦必须接受社会的监督。马克思、恩格斯在其著作里完整地论述了监督国家、制约社会的必要性,其必要性是由国家历

---

① 陶相根:《人民民主专政理论对无产阶级专政学说的运用和发展》,《理论观察》2009年第6期。
② 《马克思恩格斯选集》第4卷,人民出版社1995年版,第170页。
③ 邰思源:《论马克思恩格斯权力监督与制约思想》,《求实》2008年第6期。
④ 《马克思恩格斯选集》第4卷,人民出版社1995年版,第251页。

史地位决定的,同时也是人类社会发展的必然要求。

马克思、恩格斯高度赞扬了巴黎公社,认为"公社给共和国奠定了真正民主制度的基础"①。并在巴黎公社的经验基础上,提出了有效制约和监督公共权力的理论。马克思指出:"巴黎用一个非常简单的办法,以现行军事组织为基础建立了一套政治联合组织。这个政治联合组织是全体国民自卫军通过每一个连的代表彼此联结起来的联盟;连代表们委派营代表,营代表们再委派总代表即军团首长,由他们来代表1个区,和其他19个区的代表进行合作……从来还没有过进行得这样认真仔细的选举,也从来没有过这样充分地代表着选举他们的群众的代表。"② 所以,马克思认为"普选"是权力监督和制约的关键因素。

在巴黎公社以后,马克思、恩格斯总结了巴黎公社的经验教训,完善了其建立人民代表机关的理论。一方面,恩格斯进一步总结了公社的两个基本举措,为了防止国家和国家机关由社会公仆变成社会主人,公社采取了两个可靠的办法。"第一,它把行政、司法和国民教育方面的一切职位交给由普选选出的人担任,而且规定选举者可以随时撤换被选举者。第二,它对所有公职人员,不论职位高低,都只付给跟其他工人同样的工资。这样,即使公社没有另外给代表机构的代表签发限权委托书,也能可靠地防止人们去追求升官发财了。"③ 另一方面,受1848年欧洲革命的影响,马克思、恩格斯设想、规划了一个"人民的代表机关"。关于"人民的代表机关",他们指出:"公社必须由区全民投票选出的城市代表组成,这些城市代表对选民负责,随时可以撤换。其中大多数自然会是工人,或者是公认的工人阶级的代表,它不应当是议会式的,而应当是同时兼管行政和立法的工作机关。警察不再是中央政府的工具,而应成为公社的勤务员,像所有其他行政部门的公职人员一样由公社任命,而且随时可以撤换;一切公职人员像公社委员一样……都

---

① 《马克思恩格斯选集》第3卷,人民出版社2012年版,第101—102页。
② 《马克思恩格斯选集》第3卷,人民出版社2012年版,第135页。
③ 《马克思恩格斯选集》第3卷,人民出版社2012年版,第55页。

留归公社。总之，一切社会公职，甚至原应属于中央政府的为数不多的几项职能，都要由公社的官吏执行，从而也就处在公社的监督之下。"①

（三）列宁的监督思想

列宁亲自领导了俄国的社会主义革命和建设，对于如何将马克思、恩格斯的权力制约思想有效融入具体实践中，进行了有益的探索。其在马克思、恩格斯理论基础上，结合实践探索的经验，也提出了一些有效的权力制约理论。

首先，党政分开，建立权力监督制约机制，加强对党的权力监督。列宁在给莫洛托夫的信中写道："必须十分明确地划分党（及其中央）和苏维埃的职责；提高苏维埃工作人员和苏维埃机关的责任心和独立负责精神，党的任务则是对所有国家机关的工作进行总的领导，不是像目前那样进行过分频繁的、不正常的、往往是琐碎的干预。"② 其次，列宁认为要建立健全民主集中制以监督制约党的权力，"无论是工人，无论是士兵、农民、铁路员工以及一切劳动者都可以自由地选出自己的代表，自由地罢免那些不能满足人民的要求和愿望的代表"③。再次，应加强法制建设，大力打击官僚主义。列宁极度痛恨官僚主义，认为其是"内部最可恶的敌人"④。所以，他主张用法律来消除官僚主义，强调要建立"多种多样的自下而上的监督形式和方法，以便消除苏维埃政权的一切可能发生的弊病，反复地不倦地铲除官僚主义的莠草"⑤。

此外，列宁发展了人民代议制理论，提出建立"真正代表民意的""拥有权力和力量的"无产阶级代议机关。为此，他提出了三个重要措施：第一，代表机构必须按普遍、平等、直接、无记名投

---

① 《马克思恩格斯全集》第17卷，人民出版社1963年版，第646页。
② 《列宁全集》第43卷，人民出版社1987年版，第64页。
③ 《列宁全集》第26卷，人民出版社1959年版，第461页。
④ 《列宁全集》第43卷，人民出版社1987年版，第14页。
⑤ 《列宁全集》第34卷，人民出版社1985年版，第186页。

票的方式,并在充分保障竞选自由的条件下选举产生。列宁指出:"从人民专制论的观点看,首先必须切实保障充分的鼓动自由和选举自由,然后召开真正全民的立宪会议,就是说这个会议应当通过普遍、直接、平等和无记名投票的选举产生。"① 第二,"代表机关'应当掌握全部的权力',即'完整的,统一的和不可分割的权力',以'真正体现人民专制'"②。列宁在新型人民国家代议制建设理论中,明确阐述和发挥了这一观点,所以十月革命的斗争中提出了一个振聋发聩的口号:"一切权力归苏维埃"。第三,代表机关的代表必须接受人民的监督,人民可以随时罢免、撤换他们。所有基于选举产生的机关或代表会议,当承认和实行由选举人代表的罢免权之时,就可以被认为是真正民主的和确实代表人民意志的机关。这是真正民主制的基本原则。他还说:"我们曾经告诉人民,苏维埃是权力机关,人民相信并且实现了这一点。必须继续执行民主化的路线,实现罢免权。"③ "正是苏维埃同劳动'人民'的亲密关系,造成一些特别的罢免形式和另一种自下而上的监督,这些现在应该大力加以发展。"④

列宁的监督思想贯彻在苏维埃政权的建构之中。全俄苏维埃代表大会为最高权力机关,它有权修改宪法和制订法律,决定内政、外交、战争和平、经济政策、预算赋税、公债、关贸、货币度量、行政区划、领土变更等一系列重大方针、政策和原则。

(四) 新中国成立以来的监督思想

毛泽东同志认为,所有的国家公职人员均需要接受广大民众的监督,从而强调了民众监督的重要性。1932 年,毛泽东同志在《对第二次全国苏维埃代表大会的报告》中,针对贪污和浪费现象说:"苏维埃必须吸引广大民众对于自己工作的监督与批评。每个

---

① 《列宁全集》第 11 卷,人民出版社 1987 年版,第 177 页。
② 《列宁全集》第 11 卷,人民出版社 1987 年版,第 177 页。
③ 《列宁全集》第 33 卷,人民出版社 1985 年版,第 108 页。
④ 《列宁全集》第 34 卷,人民出版社 1985 年版,第 186 页。

革命的民众都有揭发苏维埃工作人员的错误缺点之权。当国民党贪官污吏布满全国、人民敢怒不敢言的时候，苏维埃制度之下则绝对不容许此种现象。苏维埃工作人员中如果发现了贪污腐化、消极怠工以及官僚主义的分子，民众可以立即揭发这些人员的错误，而苏维埃则立即惩办他们决不姑息。"① 1941年11月，毛泽东同志《在陕甘宁边区参议会的演说》中就提出："共产党是为民族、为人民谋利益的政党，它本身决无私利可图。它应该受人民的监督，而决不应该违背人民的意旨。"② 1945年7月，黄炎培询问共产党是否不陷入历史上常见的"其兴也勃焉，其亡也忽焉"的周期率？毛泽东同志充满信心地回答："我们已经找到新路，我们能跳出这周期率。这条新路就是民主。只有让人民来监督政府，政府才不敢松懈。只有人人起来负责，才不会人亡政息。"③ 在这里，毛泽东同志明确地提出了"监督"是走民主之路的思想。抗战胜利后，以毛泽东同志为代表的中国共产党人，在探索废除国民党一党专政、建立民主联合政府的过程中，深刻阐明了在中国建立人民民主专政的历史必然性。1945年10月，为了适应政权性质的变化，陕甘宁边区参议会常驻会和边区政府发出联合通知，决定把乡参议会改为乡人民代表会议，作为乡政权的权力机关。1946年4月，《陕甘宁边区宪法原则》通过，确定"边区、县、乡人民代表会议为人民管理政权机关"，解放区的政权组织形式开始由参议会向人民代表会议过渡。1947年后，东北、内蒙古、华北、晋绥等地相继解放，陆续召开了各级人民代表会议。1948年4月，毛泽东同志在晋绥干部会议上讲话，要求各解放区普遍建立起各级人民代表大会，使之成为当地人民的权力机关。毛泽东同志指出："在反对封建制度的斗争中，在贫农团和农会的基础上建立起来的区村（乡）两级人民代表会议，是一项极可宝贵的经验"，"这样的人民代表会议一经

---

① 转引自卓凡《中华苏维埃法制史》，江西高校出版社1992年版，第314页。
② 《毛泽东选集》第3卷，人民出版社1991年版，第809页。
③ 中共中央文献研究室编：《毛泽东年谱（1893—1949）》中册，中央文献出版社2013年版，第611页。

建立，就应当成为当地的人民的权力机关"。①

此外，刘少奇等同志也在不同场合阐述了监督思想。1954年9月15日，刘少奇在《关于中华人民共和国宪法草案的报告》中指出，人民代表大会和一切国家机关工作从人民的共同利益和统一意志出发。因此，在这一切国家机关中，也就能够在民主的基础上达成人民的政治一致性。但是，不能因为政治上的一致性而取消或者缩小批评和自我批评。我们必须运用批评和自我批评的武器来推动国家机关的工作，不断地改正缺点和错误，反对脱离群众的官僚主义，使国家机关经常保持同群众的密切关系，正确地反映人民群众的意志。如果没有充分的批评和自我批评，也就不能达到和保持人民的政治一致性。压制批评，在我们的国家机关中是犯法的行为。②

邓小平同志深刻反省新中国成立以来权力监督制衡的实践，并根据社会主义建设新时期的特点与要求，发展和完善了毛泽东同志的监督理论。相对于毛泽东的监督思想，其更加注重监督的法制化与制度化，使中国权力制约监督体系得以初步成形。

首先，强调用法律制度制约监督权力。邓小平在十一届三中全会中指出，"为了保障人民民主，必须加强法制"③。他认为，"全党同志和全体干部都要按照宪法、法律、法令办事"④，"关于不允许权力过分集中的原则，也将在宪法上表现出来"⑤。

其次，强调需要群众监督。早在1953年，他就指出，"人治"状态下的"滥用权力""压制民主""搞特权"等腐败现象，"关系到党和国家是否改变颜色，必须引起全党的高度重视。"⑥ 他强调，接受监督有利于全面了解情况，正确地制定方针政策。"有监督比没有监督好，一部分人出主意不如大家出主意。共产党总是从一个

---

① 《毛泽东选集》第4卷，人民出版社1991年版，第1308页。
② 参见《刘少奇选集》下卷，人民出版社1985年版，第159页。
③ 中共中央文献研究室编：《十六大以来重要文献选编》上册，中央文献出版社2005年版，第232页。
④ 《邓小平文选》第2卷，人民出版社1994年版，第371页。
⑤ 《邓小平文选》第2卷，人民出版社1994年版，第339页。
⑥ 《邓小平文选》第2卷，人民出版社1994年版，第333页。

角度看问题，出主意。这样，反映的问题更多，处理问题会更全面，对下决心会更有利，制定的方针政策会比较恰当，即便发生了问题也比较容易纠正。"① "实行群众监督可以把群众的积极性调动起来，会提出很多好的意见。"② 在改革开放的新时期，更重点突出了"要有群众监督制度"的新思路。而群众的监督应通过专门机构和监督制度来实行。他指出："最重要的是要有专门的机构进行铁面无私的监督检查。"③ 在专门的监督机构中，人大监督是最有效的监督。因此，人民代表大会是最能充分反映群众意见、开展批评和争论的地方。④

除此以外，邓小平还坚决抵制西方三权分立的民主体制，坚持在人民代表大会的基础上完善社会主义民主，加强社会主义政治监督。

伴随社会主义现代化建设和政治发展，伴随中国共产党对社会主义建设事业驾驭的成熟，马克思主义监督思想得到继续发展，并产生了丰硕的成果。江泽民同志在马克思列宁主义监督制约思想指导下，在充分借鉴毛泽东和邓小平监督制约理论的基础上，形成了丰富的干部监督思想，丰富了马克思主义监督宝库。

首先，在干部监督思想的具体内容上，江泽民同志指出做好监督工作应该做到"三个必须结合"。第一，干部监督工作必须与制度建设相结合。他指出一些地方和部门党纪政纪松弛的根本原因是"没有完全形成有效的监督管理制度和机制"⑤，所以"党内监督要有效，监督工作水平要提高，有赖于党内制度建设的加强"⑥。第二，干部监督工作必须与干部自律相结合。他指出："建立在我们党的党性基础上的严格自律，对每个党员干部的进步和提高起着决

---

① 《邓小平文选》第1卷，人民出版社1994年版，第273页。
② 《邓小平文选》第1卷，人民出版社1994年版，第271页。
③ 《邓小平文选》第2卷，人民出版社1994年版，第332页。
④ 参见《邓小平文选》第1卷，人民出版社1994年版，第224页。
⑤ 江泽民：《论党的建设》，中央文献出版社2001年版，第371页。
⑥ 江泽民：《论党的建设》，中央文献出版社2001年版，第207页。

定性的作用。"① 因此要加强主动监督,"把监督的关口往前移,加强事前防范"②。第三,干部监督工作必须与拓宽监督渠道相结合。对于如何拓宽监督渠道,江泽民同志指出:"要加强党内监督,健全对领导干部自下而上、自上而下以及党委内部的监督制度,同时要拓宽党内外监督渠道,发挥群众监督和舆论监督的作用。"③

其次,在加强干部监督的意义上,江泽民指出:"党风是关系到党的生死存亡的问题,如果听任腐败现象发展下去,党就会走向自我毁灭……我们一定要从近年来国内外惊心动魄的严酷斗争中警醒,从严治党,建立健全一套拒腐防变的制度,采取切实有效措施,加强党内监督和人民群众的监督,同一切消极腐败现象进行毫不留情的斗争。"④ 这就表明,加强监督对于克服各种不正风气、净化党风和社会风气是一个重要途径。

1996年,江泽民同志在中央纪委第六次全会上的讲话中指出,加强监督,"保证党组织和党员、干部全面正确地贯彻执行党的基本路线、基本方针和各项政策,遵守和维护党的政治纪律……全党都要在政治上同党中央保持高度一致,坚决维护中央权威,保证中央的政令畅通。要坚决反对口是心非、阳奉阴违、弄虚作假、虚报浮夸的行为,坚决反对自由主义、传播谣言和小道消息、破坏党的团结的行为"⑤。这就表明,只有加强监督才能保证党的路线、方针、政策得到贯彻落实。

在党建方面,江泽民认为:"我们党执政以后,特别是在新的历史条件下,能不能成功地解决党内监督问题,尤其是对高中级干部的监督问题,是加强党的建设需要解决的一个重要问题。……什么时候党内监督工作抓得比较紧,民主集中制执行得比较好,个人专断、滥用职权和'有令不行、有禁不止'的情况就比较少,消极

---

① 江泽民:《论党的建设》,中央文献出版社2001年版,第366页。
② 江泽民:《论党的建设》,中央文献出版社2001年版,第371页。
③ 江泽民:《论党的建设》,中央文献出版社2001年版,第185页。
④ 《毛泽东、邓小平、江泽民论干部监督》,党建读物出版社2000年版,第11—12页。
⑤ 江泽民:《论党的建设》,中央文献出版社2001年版,第205页。

腐败现象也会受到抑制，出了问题一般也能得到及时解决。"[①]

江泽民同志立足中国特有国情和党建实际，站在新的历史高度对干部监督思想进行的丰富发展，对于新时期加强党风廉政建设和反腐败斗争、推进党的建设新的伟大工程、推进中国特色社会主义现代化建设具有重要价值。

胡锦涛同志有关监督的论述渊源主要是马克思主义监督思想、党内自身长期的权力监督经验、权力运行中出现困境的解决经验。胡锦涛同志的监督思想，内容博大精深，包含着监督与制约的许多内容，其中领导干部树立正确权力观、源头加强权力监督、构建科学的权力监督制约机制体制、建立健全惩治和预防腐败体系是主要内容。这些方面在加强权力监督的逻辑进路上不大相同，但在核心内容上彼此间具有联系、相辅相成，建构起了多方位、全过程的制约监督，注重各种制约和监督机制之间的有效配合，共同构成了胡锦涛权力监督论述的基本体系。

胡锦涛同志强调：领导干部要抵得住诱惑，不腐败，首先得顶得住权、钱、色的诱惑，树立正确的权力观就显得尤为重要，切实为党和人民掌好权、用好权。党的十六大以来，胡锦涛的权力制约与监督论述逐渐完善，反腐倡廉建设被纳入党的建设"五位一体"的总布局之中加以考虑设计[②]，其在眼下的经济社会中的角色被摆在更显眼的位置。另外，还确立了"标本兼治、综合治理、惩防并举、注重预防"的十六字方针，贯穿于反腐斗争的全过程。在加强反腐倡廉思想、党性党纪党风教育的同时，严格依纪依法查办大案要案，唯独这样，方能化解腐败的难题。

有了方法之后，应形成长效的监督机制或制度。同时应考虑整体的逻辑进路，体系性的建构也应当纳入制度、教育、监督等多方面内容。一方面严惩腐败现象，另一方面预防权力腐败。惩戒不是目的，杜绝腐败才是目的。注重标本兼治更应该加强领导干部群体

[①] 《江泽民同志在中央纪委第六次全会上的讲话》，《人民日报》1996年3月1日。
[②] 中共中央文献研究室编：《十八大以来重要文献选编》上册，中央文献出版社2014年版，第39页。

的思想教育和制度后盾，从源头上严防死守，解决腐败问题。

在胡锦涛同志的监督论述中，明显的时代特色是注重加强反腐倡廉教育和廉政文化建设，以形成长效的反腐机制；推行反腐倡廉工作的范围扩大到全社会，进一步建立健全教育、制度、监督并重的惩戒和预防腐败体系，中组部和中纪委组建专门巡视机构，确立干部引咎辞职制度；中央下发《建立健全教育、制度、监督并重的惩治和预防腐败体系实施纲要》，这些都是胡锦涛监督论述指导下的实践；此外，胡锦涛同志的监督思想充分重视遵循市场经济规律，看得到并充分发挥市场在资源配置中的基础性作用。另外，深化行政体制改革，精简机构、简政放权，厘清政府与市场的边界，将权力关进了制度的笼中。总体来看，"胡锦涛同志的监督思想积极推进了权力监督的规范化、制度化，使我国权力监督工作得到了长足发展"[①]。

（五）十八大以来的监督思想

党的十八大以来，以监督为核心，有习近平总书记的一系列重要讲话，对改革开放以来特别是党的十八大以来我国监督实践进行了理性概括和经验总结，能够指导构建新时代中国特色社会主义监督体系。

1. 监督理念：人民为中心

以人民为中心的监督理念是新时代中国特色社会主义监督建设的根本遵循，也是习近平新时代监督论述的特色之所在，更是习近平对监督问题最本质的认知和反映，贯穿于习近平新时代监督论述的方方面面。习近平总书记指出："公权为民，一丝一毫都不能私用。"[②] 这也表明中国特色社会主义监督重在"治权"，而非"治民"。

十九届四中全会通过的《决定》中指出，"健全为人民执政、

[①] 束锦：《胡锦涛同志权力监督思想研究》，《毛泽东思想研究》2010年第27卷第6期。

[②] 《习近平谈治国理政》，外文出版社2014年版，第394页。

靠人民执政各项制度"①,"我国是工人阶级领导的、以工农联盟为基础的人民民主专政的社会主义国家,国家的一切权力属于人民。必须坚持人民主体地位,坚定不移走中国特色社会主义政治发展道路,健全民主制度,丰富民主形式,拓宽民主渠道,依法实行民主选举、民主协商、民主决策、民主管理、民主监督,使各方面制度和国家治理更好体现人民意志、保障人民权益、激发人民创造,确保人民依法通过各种途径和形式管理国家事务,管理经济文化事业,管理社会事务"②。

2. 以规范和约束公权力为重点,加大监督力度

公权力一般是由具备国家强制力的机关掌握、行使,和政府部门的职权相匹配。因而,在大部分时间里,拥有公权力的主体往往支配着公共资源,从而导致其增添了强制、扩张、公共等多元色彩,在为社会提供公共服务的同时,也存在着侵犯公民私域与合法利益的风险。习近平总书记清醒地意识到,只要是公权力,无论大小,都应当被监督,否则就会出现权力越轨、被滥用的情况。而要遏制这种情况,实现对公权力的规制,只凭以往的道德呼吁与反腐败斗争学习等监督措施是不易实现的,必须利用制度的优越性来进一步约束公权力。因此习近平总书记高屋建瓴地指出,监督是权力正确运行的根本保证;并要以规范和约束公权力为重点,加大监督力度。

3. 监督公开化、"阳光化"

习近平总书记提出"让广大干部群众在公开中监督"。党的十八大报告中明确提出"四公开""四监督",让权力暴露在阳光下。只有将权力置于阳光下、将涉及公权力运作的细节公开,才能让公众明白和知晓监督的内容和关键点,才能进一步判断某个环节的公权力运作是否出现了偏差和逾越的行为,使其得以及时发现和纠

---

① 《中共中央关于坚持和完善中国特色社会主义制度、推进国家治理体系和治理能力现代化若干重大问题的决定》,人民出版社2019年版,第8页。
② 《中共中央关于坚持和完善中国特色社会主义制度、推进国家治理体系和治理能力现代化若干重大问题的决定》,人民出版社2019年版,第10页。

正。只有将公权力的内容和相关规则、流程公开，广大监督主体——人民群众才有可能对公权力的运作细节有所掌握，才知道合法的边界在哪里。同时也能提醒被监督的对象，其手中的权力并不能随意使用，一切都需在合法的范围内为民谋福祉。党的十八届四中全会《决定》中又进一步确定了具体方案和措施，全面推进政务公开，落实权力清单，推行党务公开等等，从技术层面在公开监督方面积极作出新的尝试。

4. 加强监督"一把手""关键少数"

在我国政治体系运行规则中，"一把手"往往手握各大事项的决定权与建议权，甚至对诸多事项能"一锤定音"。如若"一把手"的权力用得好，对百姓的生活、社会的稳定、经济的发展自然有着巨大的推动作用。反之，如若"一把手"越权、违法乱用权力，不仅会伤害市场的正常运作，还会对"私权"产生威胁，从而影响社会的稳定和持续发展。因此，对党、对各级政府机关中的"一把手"更应当强化监督。大量现实表明，区域性、系统性、塌方式腐败往往与"一把手"的腐败有着直接的关系。基于此，十九届四中全会通过的《决定》指出："加强对高级干部、各级主要领导干部的监督，完善领导班子内部监督制度，破解对'一把手'监督和同级监督难题。"[①] 对"一把手"这些"关键少数"的监督，一方面应当以合法、规范的途径进行，要求对照权力清单，将监督放在宪法、法律允许的范围内进行，严格按照宪法、法律规定的条件去行使；另一方面，应当监督、督促其积极按照宪法、法律的规定履行职责，按照责任清单，用好手中的权力，积极履行自己的职责，不懒政怠政，不因怕"出错"而消极行政。为此，习近平总书记提出要完善领导班子议事制度、建立干部选拔任用问责制度和领导干部插手重大事项记录制度等具体制度措施。

5. 建立和完善监督体系与现有制度架构匹配

在针对以制约权力为重点提出解决途径的方案构建时，习近平

[①] 《中共中央关于坚持和完善中国特色社会主义制度、推进国家治理体系和治理能力现代化若干重大问题的决定》，人民出版社2019年版，第40页。

总书记始终要求其具有体系性。这一点不得不说是符合实际且具有前瞻性的。在党的十八届三中全会上，他首先从行政权运行领域破冰，提出以增强监督合力和实效为基本目标构建科学有效的权力运行制约和监督体系。同时，在依法治国的时代背景之下，习近平总书记指出严密的法治监督体系是中国特色社会主义法治体系的重要组成部分，进一步明确了中国特色社会主义监督体系的发展方向。在习近平总书记有关监督问题重要论述指导下建立的监督体系轮廓日渐清晰、结构逐步完善、内容日益丰富，初步形成了以党的监督为核心、以国家监督为主体、以社会监督为补充的监督格局。

二　西方现代政治理论的借鉴

西方人民主权学说、代议制民主和分权制衡学说是西方政治思想中的精华。其中，制衡学说解决了政府内部权力配置问题，保证了权力按照预定的目的和价值运行。这些学说对西方政治产生了重大影响，使西方最终进入了现代政治阶段，并对世界其他地区的政治建设也产生了重要的借鉴意义。

（一）人民主权学说

人民主权是"现代性"的基本理念之一。卢梭是人民主权理论的集大成者。人民主权学说在卢梭的《社会契约论》中首次登场。自然权利理论和社会契约学说是其主权学说的理论前提。他认为，天赋人权，人生而平等，因此"既然任何人对于自己的同类都没有任何天然的权威，既然强力并不能产生任何权利，于是便只剩下来约定才可以成为人间一切合法权威的基础"[①]。他在考察人类社会由自然状态进入社会状态后不平等现象的产生和原因后，得出结论："要寻找出一种结合的形式，使它能以全部共同的力量来卫护和保障每个结合者的人身和财富，并且由于这一结合

---

① ［法］卢梭：《社会契约论》，何兆武译，商务印书馆2003年版，第10页。

第一章 人民代表大会的监督思想渊源

而使得每一个与全体相结合的个人又不过是在服从其本人,并且仍然像以往一样的自由。"① 在结合的时间会诞生一个"道德的与集体的共同体"②。人民主权理论就是基于前述的这种社会契约。他将这个"共同体"叫做"主权者",主权不外是公意的运用,惟有公意才能够按照国家创制的目的,即公共幸福,来指导国家的各种力量。③ 且公意应当是心地纯良,是"永远公正的,而且永远以公共利益为依归"④。

在卢梭的笔下,主权具有以下几个特征。首先,"主权既然不外乎是公意的运用,所以就永远不能转让"⑤。卢梭在批判霍布斯关于权利可转让的观点时点明,转让主权这一行为无异于"出卖自由,就等于出卖自己的生命"⑥。其次,"主权不可分割,因为意志要么是公意,要么不是;要么是人民共同体的意志,要么只是一部分人的"⑦。再次,主权不可代表。"主权的本质是公意构成的,且意志绝对不可代表。从这点上来说,人民的议员并不能代表人民,只不过是人民的办事员罢了;他们并不能做出任何肯定的决定。"⑧ 最后,不可忽视主权至高无上和神圣不可侵犯性。由于公意无法被摧毁,"主权作为受公意指导建立起来的以支配全体公民的绝对权力而具有至高无上的权威"⑨,"主权是神圣不可侵犯的,政府只是由于主权者而存在,它的职责仅仅是执行'公意';如果政府一旦篡夺了人民主权,人民就有权起来推翻它,以便保卫主权的神圣不可侵犯性"⑩。

---

① [法] 卢梭:《社会契约论》,何兆武译,商务印书馆2003年版,第19页。
② [法] 卢梭:《社会契约论》,何兆武译,商务印书馆2003年版,第21页。
③ [法] 卢梭:《社会契约论》,何兆武译,商务印书馆2003年版,第31页。
④ [法] 卢梭:《社会契约论》,何兆武译,商务印书馆2003年版,第35页。
⑤ [法] 卢梭:《社会契约论》,何兆武译,商务印书馆2003年版,第31页。
⑥ [法] 卢梭:《论人类不平等的起源和基础》,李常山等译,商务印书馆1997年版,第136页。
⑦ [法] 卢梭:《社会契约论》,何兆武译,商务印书馆2003年版,第33页。
⑧ [法] 卢梭:《社会契约论》,何兆武译,商务印书馆2003年版,第120页。
⑨ 于凤梧:《卢梭思想概论》,北京师范大学出版社1986年版,第144页。
⑩ 于凤梧:《卢梭思想概论》,北京师范大学出版社1986年版,第145页。

此外，作为当代西方思想界的领袖，哈贝马斯对于"人民主权"理论有着独特的见解。哈贝马斯的"人民主权"思想初现于其1988年所著《作为程序的人民主权》一文，后在《在事实与规范之间——关于法律和民主法治国的商谈理论》中，进一步发展完善了人民主权思想。其思想表现出以下几个特征：首先，主权是由社会交往行为构成的，他认为，"无论卢梭，还是康德对人民主权的理解都是建立在主体理性基础上的，而没有看到社会主体的互为主体间性以及由于相互交往形成的交往理性"[①]。其次，"主权表现为人们在交往行为中形成的共识的法律化"[②]，他指出话语的共识是真实（真理）性的判断标准[③]，"在这种交往自由的漩涡之中，除了民主程序本身之外就再无其他支点，而这种程序的意义，在权利体系中就已经得到了确定"[④]。因此，他认为利益价值不是维系社会稳定的主要因素，只有通过合法化的立法程序和行政程序的共识才得以保证。再次，从晚期资本主义合法性危机的诊断上重构人民主权理论。他认为，以人民主权原则为基础的西方国家已然进入福利社会并呈现合法化危机，即"系统对生活世界的入侵而导致生活世界的殖民化"[⑤]。而如何才能走出困境呢？哈贝马斯认为是时候对人民主权进行重构了。具体而言，就是"在社会整合的不同资源之间，而不是国家权力之间，建立起一种新的力量均衡关系。目的不再是'消解'资本主义经济制度和官僚统治体制，而是以民主的方式阻挡系统对生活世界的殖民式干预"[⑥]。

[①] 严海良：《超越人权与人民主权的对峙：哈贝马斯的人民主权理论探析》，《学海》2005年第6期。
[②] 冯家亮：《卢梭和哈贝马斯的人民主权思想之差异》，《兰州学刊》2007年第1期。
[③] 转引自[德]霍尔斯特《哈贝马斯传》，章国锋译，东方出版中心2000年版，第82页。
[④] [德]哈贝马斯：《在事实与规范之间——关于法律和民主法治国的商谈理论》，童世骏译，生活·读书·新知三联书店2003年版，第226页。
[⑤] 龚晓珺：《论哈贝马斯的"生活世界"殖民化批判理论》，《广西大学学报》2007年第3期。
[⑥] [德]哈贝马斯：《公共领域的结构转型》，曹卫东等译，学林出版社1999年版，第21页。

总之，无论卢梭还是哈贝马斯都对人民主权理论作出了深刻的论述。其对人民主权的阐述或许有不恰当的地方，抑或某些见解只适用于他们所建构的理想空间，但批判地吸收和借鉴其中一些合理因素，对于完整解读马克思科学社会主义思想和中国特色社会主义理论与实践却有着重要意义。

（二）西方代议制民主

17世纪以后，开始兴起代议制民主，引起诸多思想家对其关注，诸如洛克、孟德斯鸠、密尔等。"洛克为代议制政府的传统铺设了道路，孟德斯鸠更好地解读了实现代议制政府所必须的制度上的革新。"①

洛克代议制民主思想主要体现为议会至上和人民委托权力，其著作《政府论》中便有"最高权力属于人民"。"除非基于他们的同意和基于他们所授予的权威，没有人能够享有对社会制定法律的权力。"② 因此，"洛克代议制民主理论的基本思路就是基于人民同意的议会至上的原则下的委托行为"③，即人民是国家的主人，人民通过委托权力来间接实现国家治理。孟德斯鸠代议制思想则源于其"三权分立"的分权制衡思想，他虽然没有关于代议制思想的明确论述，却是直接提供了代议制政府建立的基础——以权力约束权力。他通过立法、行政、司法三权分立来保障公民的政治自由、抑制政府腐败，为实践代议制民主奠定了基石。

而密尔更是西方代议制理论的集大成者，其《代议制政府》对英国以及欧美各国的政治制度有较大影响，是西方学者公认的有关议会民主制的一部经典著作。密尔在《代议制政府》一书中，多次说到政治形式与人民的综合素质应当匹配，"为人民而设的政府形

---

① 丁一、余晔：《直接制民主与代议制民主比较分析》，《国际关系学院学报》2011年第2期。
② ［英］洛克：《政府论》下篇，叶启芳、瞿菊农译，商务印书馆2009年版，第83页。
③ 张华：《论代议制民主的产生与发展》，《城市建设理论研究》2011年第12期。

式必须为人民所乐意接受，或至少不是不乐意到对其建立设置不可逾越的障碍；他们必须愿意并能够做使它持续下去所必要的事情；以及他们必须愿意并能够做使它能实现其目的而需要他们做的事情"①。同时，密尔认为，许多地方的公民尚未开化到可以自由地实现民主的地步，因而一味推行代议制民主并不是最佳的政治决策。最佳的状态是该地区的公民可以独立思考、有教养、有能力的时候，才有可能实行代议制民主制。故，如若开化公民，则必然实施"公民教育"。

　　密尔认为代议制民主是进行公民教育的最好方式。"一国人民也许对好的制度缺乏思想准备，但为他们点燃一种希望就是这种准备的一个必要部分。"② 密尔在《代议制政府》一书中讲到，要通过代议制民主的如下途径进行公民教育。首先，扩大选举权覆盖范围。密尔以美国为例，指出"当人民被要求参加直接关系到国家巨大利益的行动时，就会对人民的最底层进行知识和思想感情的教育"③。其次，政治实践。密尔认为代议制民主也有助于塑造个人性格，"有时要求公民在一段时间内轮流行使某种社会职务所能得到的性格上的实际锻炼"④。再次，密尔认为，"只有通过政治讨论和集体的政治行动，一个被日常职业将兴趣局限在他周围的小圈子的人，才学会同情他的同胞，和他们有同感，并自觉地变成伟大社会的一个成员"⑤，国民能够在议会中自由表达意见，不同的政见也在这里交锋和讨论，所以"他们的思想会不知不觉地在和他们接触或甚至冲突的思想影响下得到提高"⑥。这就说明，政治讨论和集体政治行动对于公民教育亦发挥着关键作用。最后，密尔认为："在代议制民主中的好政府的一个重要原则在于：任何行政官员都

---

① [英] J. S. 密尔：《代议制政府》，汪瑄译，商务印书馆1982年版，第7—8页。
② [英] J. S. 密尔：《代议制政府》，汪瑄译，商务印书馆1982年版，第12页。
③ [英] J. S. 密尔：《代议制政府》，汪瑄译，商务印书馆1982年版，第126页。
④ [英] J. S. 密尔：《代议制政府》，汪瑄译，商务印书馆1982年版，第53页。
⑤ [英] J. S. 密尔：《代议制政府》，汪瑄译，商务印书馆1982年版，第127—128页。
⑥ [英] J. S. 密尔：《代议制政府》，汪瑄译，商务印书馆1982年版，第113页。

不应该根据人民的选举来任命，政府的全部工作都是要由专门技术的人员来担任。"① 密尔指出："文官制度培养着组成委员会所需要的人员，而且它的存在是委员会具有价值的唯一保证。"② 同时，在文官选拔上，密尔认为应该通过考试进行，"考试应该是竞争性的，任命的应该是考试成绩最好的人"③。以文官制度进行人才选拔，最明显的裨益就是为社会补充大量的行政职业人才，可进一步提高教育质量和公务员自身素质，进一步辅助解决代议制民主中的公民教育问题。

（三）西方权力制衡理论

分权制衡原则并非一开始就有，也是在人类社会进化的过程中与生产力的发展相伴而生的，古希腊和古罗马是其诞生的摇篮。到了近代，一开始是洛克进行倡导，后来者孟德斯鸠承接该原则思想并将其发展完善。西方关于权力架构和权力资源配置的分权制衡原则是三权分立。首先，洛克主张的是行政权、立法权和外交权分别由不同机关掌握，各自独立行使、相互制约制衡。其中议会掌握立法权，可以国家的名义制定颁布实施法律，立法权是最高的权力。在君主制的国度中，国王坐拥行政权，行政权是法律赋予执行的权力，国王同时还享有外交权，外交权宽泛地说是同国外的一切事务，包括决定与他国开战、保持和平、政治联盟等等。在洛克的思想中，事实上只提出了两权分立和制衡的思想，即立法权和行政权的关系问题。他认为："如果同一批人同时拥有制定和执行法律的权力，就会给人们的弱点以绝大的诱惑，使他们动辄要攫取权力，借以使他们自己免于服从他们所制定的法律，并且在制定和执行法律时，使法律适合于他们自己的私人利益，因而他们就与社会的其

---

① 转引自陈佳《公民教育与代议制民主——对 J. S. 密尔〈代议制政府〉的另种解读》，《福建教育学院学报》2010 年第 6 期。
② ［英］J. S. 密尔：《代议制政府》，汪瑄译，商务印书馆 1982 年版，第 194 页。
③ ［英］J. S. 密尔：《代议制政府》，汪瑄译，商务印书馆 1982 年版，第 202 页。

余成员有不同的利益,违反了社会和政府的目的。"① 此外,洛克的思想还涉及司法权独立。这些思想的提出恰好迎合了资产阶级早期发展,从侧面也反映商品经济下对自由和平等的追求。

在洛克之后是孟德斯鸠对有关制衡的理论进行完整阐述。《论法的精神》在总结洛克分权理论的基础上,系统论述了权力分立与制衡的理论。孟德斯鸠从两方面指出将国家权力三分的理由:为了自由和防止滥用权力。他指出:"每一个国家都有三种权力:立法权力、对有关国际法事务的执行权和对民法有关事务的执行权。"② "如果司法权和行政权集中在同一个人之手或同一机构之中,就不会有自由存在。""如果司法权不与立法权和行政权分立,自由同样也就不复存在。如果司法权与立法权合并,公民的生命和自由则将任人宰割,因为法官就有压制别人的权力。""如果同一个人或由显要人物、贵族和贫民组成的同样的机构行使以上所说的三种权力,即立法权、司法权和行政权,后果则不堪设想。"③ 紧接着,他还指出应使权力相互制约。在其思想中,国家是否自由与健全,判断的标准之一就是这个国家的权力是否有合理、合法的限制。因为对于权力来说,要防止权力滥用就要有相对应的权力对其进行监督和限制。"不过一切有权力的人都很容易走向滥用权力,这是一条万古不变的经验。有权力的直到把权力用到极限方可休止。"④ "从对事务的支配来看,要防止滥用权力,就必须以权力制约权力。"⑤ 美国的汉密尔顿、杰佛逊进一步完善了洛克和孟德斯鸠的权力制衡理论,并且针对美国的政治局面发展出了双重分权的思

---

① [英]洛克:《政府论》下篇,叶启芳、瞿菊农译,商务印书馆2009年版,第91页。
② [法]孟德斯鸠:《论法的精神》上册,孙立坚译,陕西人民出版社2001年版,第184页。
③ [法]孟德斯鸠:《论法的精神》上册,孙立坚译,陕西人民出版社2001年版,第184—185页。
④ [法]孟德斯鸠:《论法的精神》上册,孙立坚译,陕西人民出版社2001年版,第183页。
⑤ [法]孟德斯鸠:《论法的精神》上册,孙立坚译,陕西人民出版社2001年版,第183页。

想。他们主张，联邦和各州不仅横向分权，联邦与各州纵向也要分权与制衡，主张设立两院制的国会以使其相互制约并与行政权、司法权分立制衡等。马克思主义经典作家批判了资本主义国家实行"三权分立"的弊端和金钱民主的虚伪性，对"三权分立"理论有过深刻批判，但他们从未完全否定"三权分立"理论的历史合理性，尤其是权力制衡的思想原则。事实上，洛克和孟德斯鸠的"权力制衡"思想直到今天仍具有现代价值，不仅塑造了今天西方资本主义国家内部的权力关系和运行，同时也对社会主义国家的政治建设具有借鉴意义。

三 深厚的"民本"思想积累

"人大监督制度的构建和完善离不开现代政治文化的支持，而现代政治文化的生成又离不开中国传统政治文化的现代化。"[①] 宏观来看，我国传统的政治文化有两大传统，一是以"君权"为核心的法家思想；二是以"民本思想"为要义的儒家思想。其中"民本思想"不仅成为中国人接受西方民主思想的重要思想根基，同时也在影响着当今中国的政治心理、政治制度建设和政治评价等方面，是人大监督权的重要理论来源。

民本思想是中国传统治国理论的核心。一般认为，"民本"二字源于《尚书·夏书·五子之歌》，"皇祖有训，民可近，不可下。民惟邦本，本固邦宁"。民众是国家的本体，民众稳定了，国家才能安宁。"古代民本思想的发端，始于相对神本而言"[②]，如"殷人尊神率民以事神"[③]；周人则认为"天视自我民视，天听自我民

[①] 林伯海：《人民代表大会监督制度的分析与构建》，中国社会科学出版社2004年版，第269页。

[②] 张祥浩：《论中国古代民本思想发展的历史进程》，《东南大学学报》（哲学社会科学版）2002年第3期。

[③] 《礼记》，叶绍钧选注，商务印书馆1947年版，第206页。

听","民之所欲,天必从之"①;"古人有言曰:'人无于水监,当于民监'。今惟殷坠厥命,我其可不大监抚于时"②。如此,"周人就在殷人以神为本的思想里,塞进了重民的内容,孕育了以民为本的思想"③。故,西周是民本思想的摇篮,春秋之际民本思想开始形成,在战国时趋于成熟。至战国后,有关民本的思想不断发展,增添了很多新内容,至明清之际则发展到最盛。在这数千年的发展历史中,民本思想的内容大致有以下几点内涵。

(一) 在民和国的关系上,强调"民惟邦本"

如楚大夫认为正是因为"勤恤其民而与之劳逸,是以民不罢劳,死知不旷",吴王才能打败楚国。然而,若"视民如仇,而用之日新。夫先自败也,安能败我"④。故,民心向背是战争取得胜利的关键因素。不仅如此,民心的向背也是决定国家存亡的重要因素。"国之兴也,视民如伤,是其福也;其亡也,以民为土芥,是其祸也。"⑤民惟邦本可以说是中国民本思想的理论基础和总纲,它肯定民众的重要地位并将其摆在了根本的位置,突出了民众是国家立国的基础。故,"贵以贱为本,高以下为基"⑥;"夫天者,国之基也"⑦。

(二) 在民和君的关系上,强调"民贵君轻""民水君舟"和"民主君客"

首先,"民贵君轻"是春秋战国时期的主要政治思想。

晏子有言:"君民者,岂以陵民,社稷是主,臣君者,岂为其

---

① 先秦诸子:《尚书》,线装书局2007年版,第121—124页。
② 先秦诸子:《尚书》,线装书局2007年版,第172页。
③ 张祥浩:《论中国古代民本思想发展的历史进程》,《东南大学学报》(哲学社会科学版)2002年第3期。
④ (春秋)左丘明:《左传》,蒋冀骋标点,岳麓书社1988年版,第390页。
⑤ (春秋)左丘明:《左传》,蒋冀骋标点,岳麓书社1988年版,第390页。
⑥ (春秋)李聃:《道德经》,赵炜编译,三秦出版社2018年版,第89页。
⑦ (东汉)王符:《潜天论》,龚祖培校,辽宁教育出版社2000年版,第15页。

口实，社稷是养。故君为社稷死则死之，为社稷亡则亡之；若君为己死而为己亡，非其私昵，孰能任之。"① 晏子认为，应该区分社稷、人民和君主，臣子并不是君上的私奴，其应该为社稷人民服务，不应毫无缘由地随君上去死。

孟子曰："民为贵，社稷次之，君为轻"，认为君不过是因民才存在，君应为民，民为本，君为末，将殷周时代的君主至上发展为君民并重，直至民为重。

荀子也认为："天之生民，非为君也，天之立君以为民也。故古者列地建国，非以贵诸侯而已；列官职，差爵禄，非以尊大夫而已。"②

南宋理学大师朱熹同样认为："国以民为本，社稷亦为民而立，而君之尊，又系于二者之存亡，故其轻重如此。"③ 即国君要以人民为根本，社稷也是为人民而立的，所以，人民实为根本。

其次，"民水君舟"思想充分体现了人民群众的历史作用。

孟子认为，"得乎丘民而为天子"④，"得其民斯得天下矣"⑤，君民关系既相互对立，又相互统一。于是，"民水君舟"思想得以出现。荀子有云："君者，舟也；庶人者，水也。水则载舟，水则覆舟。"⑥ 这便是"民水君舟"思想的最早出处。荀子认为，民众是社会基础，也是君主之所以能够成为君主的唯一源泉。

然而，直到汉唐以后，"民水君舟"思想才得到民本思想家的重点关注。

西汉贾谊曾有："闻之于政也，民无不为本也"⑦，"故自古至

---

① （春秋）左丘明：《左传》，蒋冀骋标点，岳麓书社 1988 年版，第 229 页。
② （战国）荀子：《荀子》，祝鸿杰校注，浙江古籍出版社 1999 年版，第 251 页。
③ （南宋）朱熹：《四书章句集注》，浙江古籍出版社 2013 年版，第 286 页。
④ （南宋）朱熹：《四书章句集注》，浙江古籍出版社 2013 年版，第 286 页。
⑤ （南宋）朱熹：《四书章句集注》，浙江古籍出版社 2013 年版，第 220 页。
⑥ （战国）荀子：《荀子》，孙安邦、马银华译注，山西古籍出版社 2003 年版，第 103 页。
⑦ （西汉）贾谊：《新书》，方向东译注，中华书局 2012 年版，第 275 页。

今，与民为仇者，有迟有速，而民必胜之"①。其阐释与孟、荀思想别无二致，但更多却包含有民水君舟的思想。

唐初的魏征亦提出过"民水君舟"理论。贞观初年，李世民曾对臣子说，"为君之道必须先存百姓，若损百姓以奉其身，犹割股以啖腹，腹饱而身毙"②。魏征上奏说："怨不在大，可畏惟人，载舟覆舟，所宜深慎，奔车朽索，其可忽乎？"③ 其后于贞观六年、贞观十四年均对"民水君舟"又作论述。正是李世民对"民水君舟"思想有着深刻认识，同时能以此时刻警戒自己，最终开创了贞观盛世。

再次，"民主君客"思想，即人民是国家的主人，君王是客人。事实上，此思想与"民水君舟"较为相似，是后者在明清时期的进一步发展。

黄宗羲认为："古者以天下为主，君为客，凡君之所毕世而经营者，为天下也。今也以君为主，天下为客，凡天下之无地而得安宁者，为君也。"④

清初的唐甄认为人民对国家极端重要，"封疆，民固之；府库，民充之；朝廷，民尊之；官职，民养之；奈何见政不见民也"⑤。

黄、唐二人在强调人民重要性的同时，亦尖锐批判了封建君主制。黄宗羲坚决反对家天下的制度，认为："岂天地之大，于兆人万姓之中，独私其一人一姓乎？"⑥ 唐甄更是将君主比作盗贼，"自秦以来，凡为帝王者皆贼也。杀一人而取其匹布斗粟，犹谓之贼，杀天下之人而尽有其布粟之富，乃反不谓贼乎？"⑦

---

① （西汉）贾谊：《新书》，方向东译注，中华书局2012年版，第277页。
② （唐）吴兢：《贞观政要》，滕帅、李明译注，岳麓书社2014年版，第2页。
③ （唐）吴兢：《贞观政要》，滕帅、李明译注，岳麓书社2014年版，第12页。
④ （明）黄宗羲：《明夷待访录译注》，李伟译注，岳麓书社2008年版，第6页。
⑤ （清）唐甄：《潜书注》，四川人民出版社1984年版，第315页。
⑥ （明）黄宗羲：《明夷待访录译注》，李伟译注，岳麓书社2008年版，第7页。
⑦ （清）唐甄：《潜书注》，四川人民出版社1984年版，第530页。

（三）重民利民思想

民本思想，一是要求统治者"重民"。重民要做到的就是对待民意要重视，通晓民情。"民之所欲，天必从之。"① 二是要重视民力，珍惜和利用民力。荀子有言，"轻田野之税，轻关市之征，省商贾之数，罕兴力役，无夺农时，如是则国富矣，夫是之谓以政裕民"②。三是要重视民生。孔子"宽则得众"，强调统治者应该实行保民、惠民、富民政策，对民众持宽容态度。

另外，要爱民仁民、利民富民。爱民仁民是从逻辑上导出的认识：既然治国以民为本，就必然导出爱民、仁民等思想。统治者要"视民如子"③，"泛爱众"④，做到"己所不欲，勿施于人"⑤，"己欲立而立人，己欲达而达人"⑥，"与民偕乐"⑦。利民富民是从统治者的利益出发而提出的又一种思路。"大禹曰：'民无食也，则我弗能使也，功成而不利于民，我弗能劝也。'"⑧ 不言而喻，统治者采取的民生政策唯有利于和便于百姓生存生产生活，使得百姓安居乐业、生活富足，这样社会的发展、国力的强盛才不是黄粱一梦。民或安或乱大概率是取决于经济状况的好坏。民富则安，民贫则乱，"仓廪实而知礼节，衣食足而知荣辱"⑨。西汉刘安更是提出，"治国有常，而利民为本……苟利于民，不必法古；苟周于事，不必循旧"；"变古未可非，而循俗未足多也"⑩。

民主与民本既有联系又有区别。"作为政治思想体系，现代民主和传统民本都具有整体性特征，可以概括为'一体两翼'。民主

---

① 先秦诸子：《尚书》，线装书局2007年版，第121页。
② （战国）荀子：《荀子》，祝鸿杰校注，浙江古籍出版社1999年版，第110页。
③ （春秋）左丘明：《左传》，蒋冀骋标点，岳麓书社1988年版，第312页。
④ 全良年：《论语译注》，上海书店出版社2009年版，第3页。
⑤ 全良年：《论语译注》，上海书店出版社2009年版，第99页。
⑥ 全良年：《论语译注》，上海书店出版社2009年版，第49页。
⑦ （南宋）朱熹：《四书章句集注》，浙江古籍出版社2013年版，第159页。
⑧ （西汉）贾谊：《新书》，方向东译注，中华书局2012年版，第302页。
⑨ （西汉）司马迁：《史记》，胡怀琛注，崇文书局2014年版，第114—115页。
⑩ （西汉）刘安：《淮南子》，舒舍校对，岳麓书社2015年版，第124页。

政治以'民治（by the people）'为体'民有（of the people）'和'民享（for the people）'是其两翼；而民本政治则以'君治'为体，两翼是'民为邦本'和'重民利民（民享）'。"① 二者虽"体"不同，但"两翼"却有相通之处。二者相通性主要表现在，一方面，人民是国家的主体，国家为人民所有（其为现代民主政治的必要前提）；另一方面，重视民意，予利于民（其是现代民主政治的必然结果和重要体现）。

虽然民本思想没有开出民主之花，但确实为我国批判性接受西方民主思想和马克思主义人民民主理论架起了沟通的桥梁，缩短了中西政治文化的差距。在某种程度上，可以说，我国的民本思想成为近代以来从中国视角观察西方政治文明的窗口。同时，它与马克思主义一道，构成了当今中国社会评判政府得失的标准，以及执政者执政的价值标尺，对专题询问制度的产生和兴起也产生了间接却是深刻的影响。

---

① 赵晓宇：《民本与民主：比较视阈下的异与"通"——兼论中国民主政治主体性的建构》，《人文杂志》2012年第3期。

第二章　人民代表大会传统监督方式与成效

人民代表大会制度是体现我国人民民主专政性质和要求的政权组织形式，是新时代实现社会主义民主政治的必然选择。监督权作为人民代表大会的传统监督方式之一，已成为当前国家权力监督体系中最具活力的监督形式。但同时需要明确的是，"监督权是一个权力群，即监督权并不是一个单一的权力，而是一个权力的'集合体'"①。因此，虽然全国人大的监督权"在监督制度、监督力度上不断加强，监督工作收到了良好成效。但相比于人大开展的其他各项工作，监督工作依然是各级人大及其常委会工作的'短板'，亟待提升和加强"②。

一　人民代表大会监督权的内容及其特征

根据当前法律文件的规定③，人民代表大会监督的内容主要体现为两方面：一是对宪法和法律实施的监督，即法律监督；二是对相关对象特别是"一府一委两院"的监督，即工作监督。而两种监

---

① 任喜荣：《地方人大监督权论》，中国人民大学出版社2013年版，第42页。
② 罗星：《党和国家监督体系视域下的人大监督现状与改革路径》，《人大研究》2020年第6期。
③ 涉及人大监督权的法律、法规主要有：《中华人民共和国宪法》《中华人民共和国各级人民代表大会常务委员会监督法》《全国人大常委会关于加强对法律实施情况检查监督的若干规定》《全国人大常委会关于加强经济工作监督的决定》《全国人大常委会关于加强中央预算审查监督的决定》以及其他相关专业法律。

督内容又以决策权、执行权、监督权三种权力运作模式呈现。正如陈国权在对全国人大监督权的研究中所指出的,"以全国人大为中心建构全国人大监督体系,并依据决策权、执行权、监督权运行规则的差异推导出相应监督规则的差异化要求"①。

(一) 全国人大对决策权的监督

1. 立法监督

根据《宪法》和《立法法》,全国人大及其常务委员会一方面是制定和修改法律的主体,另一方面也扮演了这样的一种角色——监督其他立法主体的立法权。在立法监督的活动中,全国人大审查工作围绕规范性文件是否与上位法相抵触、是否超越了立法主体的立法权限展开,主要是形式合理性审查,其形式主要包括前置监督和事后监督。

2. 政策监督

在党的领导和国家治理并行的体制机制下,我国重大事项决策权并不只是党中央、政府共同行使,各级人大事实上也享有该项权力。关于政策的监督工作,各级人大并不担任决策的创议主体与决策备择方案的设计主体,其仅在对备择方案选择以及合法化的程序里,体现出对其他决策主体的监督。但与立法监督不一样的是,政策监督工作更倾向于实质合理性的审查。实质合理性是指"个体在认知和行动中以理性评判和道德评价相结合的方式来实际建构的合理性"②。此处的实质合理意味着利益均衡,也就进一步说明全国人大对政策类的监督权要充分行使,需要的是一个能够让代表们表达各方利益和各方利益能够进行博弈的制度化平台。③

3. 人事监督

选举、决定、任免这三个词语蕴含了《宪法》赋予全国人大人事决策权的主要内容,主要分为三个方面的内容:第一类的人事决

---

① 陈国权:《权力制约监督论》,浙江大学出版社 2013 年版,第 199 页。
② 吴畏:《论实质合理性》,《哲学分析》2018 年第 9 期。
③ 参见陈国权《权力制约监督论》,浙江大学出版社 2013 年版,第 200 页。

策涉及中华人民共和国主席及副主席、中央军事委员会主席、最高人民法院院长、最高人民检察院检察长，都是从全国人民代表大会全体会议选举中产生。同时依照《中华人民共和国全国人民代表大会组织法》，"全国人大对此类人事任免独立地享有选举权，其人选由主席团提名，经各代表团酝酿协商后，再由主席团根据多数代表的意见确定正式候选人名单。第二类的人事决策包括根据中华人民共和国主席的提名，决定国务院总理的人选；根据国务院总理的提名，决定国务院副总理、国务委员、各部部长、各委员会主任、审计长、秘书长的人选。第三类的人事决策是指全国人大常委会根据最高人民法院院长的提请，任免最高人民法院副院长、审判员、审判委员会委员和军事法院院长；根据最高人民检察院检察长的提请，任免最高人民检察院副检察长、检察员、检察委员会委员和军事检察院院长，并且批准省、自治区、直辖市的人民检察院检察长的任免"①。

（二）全国人大对执行权的监督

"天下之事，不难于立法，而难于法之必行。"② 因此，十九届四中全会通过的《决定》明确指出：制度的生命力在于执行，要提高制度执行力，加强对制度执行的监督，坚决杜绝做选择、搞变通、打折扣的现象。当前全国人大对执行权进行监督，主要分为常规监督与特别监督。前者无论是监督对象、内容抑或是时间均由法律进行规定，后者则是由人大来具体进行设定。

1. 常规监督

常规监督属于一种例行监督，监督的对象、内容和时间均依据法律的相关规定进行了固定，主要由全国人民代表大会全体会议行使，包括听取并审议《政府工作报告》、审查和批准国民经济和社会发展计划（规划）执行情况的报告、审查和批准国家预算执行情

---

① 转引自陈国权《权力制约监督论》，浙江大学出版社2013年版，第201页。
② （明）张居正：《张居正奏疏集》，潘林编注，华东师范大学出版社2014年版，第232页。

况的报告。其实质是对执行机关事权、财权运行情况的全面考核，也是对相应机构负责人履职情况的总体评价，与全国人大行使对人事类决策的监督权具有相关性。但因为法定监督时间较短，大部分情况下只能对监督对象进行成果考核，全过程的实施监督较难实现。因此，审议过程如何设置、相关专家能否为决议代表提供技术支持是关系到监督是否有效的重要因素。

2. 特别监督

特别监督是全国人大常委会依据相关的法律，在授权的合法范围内对监督的时间进行设立，并且根据特定的对象以及内容对执行权进行监督。按照《宪法》和《监督法》的相关条文，全国人大常委会执行特别监督有诸多途径。其中之一是对政府专项工作报告听取、审议，由全国人大常委会作为主体对国务院行使监督权。全国人大常委会每年对涉及改革发展、社会稳定、关乎群众利益、社会关注度较高的重要问题选择若干，然后按计划听取和审议专项工作报告，并把涉及该项问题的方案、报告、审议意见和研究处理情况公之于众。在该项特别监督中，"问题"意识因监督内容的确定得到了凸显，即全国人大常委会根据相关部门在执法检查中发现的问题、调查研究中关注到的难题、全国人大代表、常委会组成人员等集中反映的问题来拟定专项工作报告的主要议题，进一步突出监督的针对性和有效性。

在执法情况检查方面，具体组织实施的主体是全国人大常委会专门委员会或相关工作机构，监督对象并不固定。这一监察工作既可通过全国人大常委会自行组织执法检查，也可委托地方的省级人大常委会去组织检查各自行政区划内相关法律法规的实施情况。在这里，监督的内容主要包括法律法规的现有实行状况，在监督的基础上有针对性地提出涉及宪法工作的相关意见和对有关法律法规提出修改意见，从某种程度上来说亦是延续和补充了立法方面的监督。

除去前两者，还有最为重要的一种监督就是质询，与前两类特别监督不同的是，启动质询的主体是代表或委员，而不是机构和部门。其次质询的对象是国务院及其各部委。可见，质询这一监督的方式在执行权监督中属于比较严厉的一种。但同时因其启动主体的不同也相对灵活，且质询的内容包含执行权在运行时的多方面问题，只要是遵从法律的程序产生的质询案，受到质询的机关不得推脱，必须依法进行答复。这种答复并不是形式上走走过场就可以敷衍了事，而是要达到实质上的一定标准方可：当提出该质询案的常务委员会组成人员一旦有过半数对受质询机关的答复不满意的，经法定程序要求其再作答复。

此外，在上述三种方式之外还有一种特定问题调查。这种调查的启动主体就不像质询的启动主体那样宽泛，而是委员长会议、主任会议或五分之一以上常务委员会组成人员通过书面联名的方式启动。组成调查委员会的成员（实施主体）也不局限于上述三类特别监督中特定身份人员，比如全国人大常委会及其相应机构组成人员、全国人大代表，也就意味着相关的专家参加调查是被允许的。从监督对象上看，这种监督方式直接指向了全国人大及其常委会即将做的决定和决议，只是尚有事实和情况未明确。因此不难看出，这种监督方式的约束力来源于依据调查报告产生的相关决议和决定。

（三）全国人大对监督权的监督

在目前现行的权力体系中，可以行使监督权的主体不仅有各级人大，还包含了各级司法、审计机关等。但考虑到被监督主体的性质、监督程序和监督内容存在不同，笔者特依据监督对象的区别将全国人大对各种监督权的监督分为对系统内的监督和对系统外的监督。

1. 对系统内的监督

首先需要明确的是，对于系统内的监督不只是全国人大对全国人大常委会和委员的监督，还有上下级人大之间的双向监督。前一种监督的约束力来源于《宪法》以及《全国人民代表大会组织法》的相关条文，全国人大能够改变或撤销全国人民代表大会常务委会不适当的决定，从而纠正相关对象在行使监督权时出现的偏差和问题。值得一提的是，全国人大常委会领导各专委会开展工作，专委会的监督要对系统外的其他主体发生效力必须经由全国人大常委会方可生效。人大上下级之间的监督，一方面包括人大常委会对上级国家权力机关以命令和决议等非立法性文件形式出现的与监督权运行相关的行为，也包括给予权力来源产生的下级人大对上级人大的监督。在此需要指出的是，这里的最高级即为全国人大，依据《宪法》和相关法律规定，"全国人民代表大会受原选举单位的监督。原选举单位有权依照法律规定的程序罢免本单位选出的代表"[1]和"全国人民代表大会的代表，由省、自治区、直辖市的人民代表和人民解放军选举产生"[2]。因此，从法律的规定来看，上级人大代表（乃至全国人大代表）行使监督权的行为理应受到下级人大的监督。

2. 对系统外的监督

顾名思义，核心内容自然是全国人大及常委会对系统之外的监督权进行监督。主要分两种，一种是针对司法机关进行监督。司法机关因其纠错性质，其权力属于监督权，是纠正权力"越轨"、防范权力侵害、提供法律救济的最后一道防线。但不可否认的是，司法机关在权力的运行过程中也会出现天然的风险。对此，听取审议工作报告的方式对司法机关依旧可使用，比如全国人大可通过此种方式听取审议最高法和最高检的工作报告，一年一度形成惯例，从而形成长效的监督机制。其次全国人大还对司法机关如最高检和最高法的人事（主要是"两院"的院长及主要成员的选任）具有任免权，可将司法机关监督权和其他权力的运行情况作为评估其工作是否合格的总体评价指标或标准。当然，两高出台的司法解释也在全国人大的监督范围内，一旦司法解释出现与现行法律相抵触的情况，全国人大可以修改甚至废除，从而对司法机关进行监督。另一

---

[1] 《中华人民共和国宪法》第七十七条。
[2] 《中华人民共和国全国人民代表大会和地方各级人民代表大会选举法》第十五条。

◇ 第二章 人民代表大会传统监督方式与成效 ◇

种是对审计机关进行监督,根据法律的相关条文,"常务委员会每年审查和批准预决算的同时,听取和审议本级人民政府提出的审计机关关于上一年度预算执行和其他财政收支的审计工作报告"①。从一定意义上说,这其实也是全国人大对于行政机关内部监督权的"把关",能够让全国人大在审计机关协助下掌握详实可靠的资料和数据。

总的说来,对于系统外的监督,更重要的是厘清边界问题。简单说就是什么归人大管,什么归其他机关管,用什么机制统筹监督以形成有效的监管网络等。比如,对于司法机关的监督,全国人大对个案拥有监督权,但与此同时应该以人大为中心,形成统筹协调的监督权运行网络,发挥不同监督权主体的协同作用。

二 人民代表大会监督的运行原则

与其他国家的监督形式和社会监督形式相比较,人大监督是一项具有法律效力和最高层次的国家监督形式,超越了其他各种监督权。同时,这种超越也决定了人大监督权具有其他监督形式没有的间接性特征。而这一项特征使得人大的监督要遵循以下原则。

(一) 依法监督原则

人大的监督需要经过法定程序、以法律的强制力发挥作用。主要体现是:权力机关的监督必须依法进行,监督的每一个阶段、每一个步骤都要依照法定程序实施。正如有学者指出:"从人大监督的实际内容来看,它的最大特点在于它是一种全面的法律监督。监督的核心是保证国家法律的施行,其监督行为也是严格按法定职权和法定程序进行的。"②

---

① 《中华人民共和国各级人民代表大会常务委员会监督法》第十九条。
② 蔡定剑:《中国人民代表大会制度》,法律出版社 2003 年第 4 版,第 365 页。

(二) 监督大事原则

人大的监督工作并不是事事过问，而是聚焦大事、要事。人大的监督实为国家权力之监督，与其他机关的监督具有片面性不同的是，人大监督层次更高、更全面，是在国家的角度具有全局性的国家监督形式。其次，在内容上指向的是中央和地方事务中带有全局性与前瞻性的重要问题，行政、司法机关在事关宪法、法律法规、政令政策的贯彻和实践情况，地方机关辖区内经济社会发展方案计划、财政预算和执行以及全国人大选举任命的"一府一委两院"人员的履职情况等都属于其监督的范围。

(三) 集体行使职权原则

人大作为代议机关，与一般行政机关所不同的是，人大及其常委会在对一项问题作出决定时，是由集体决定、集体行使权力、集体承担责任。人大及其常委会委员不论是在确定监督意向、实施监督行为，还是在形成监督结构的过程中，都一定会集体讨论，通过会议表决来决定。代表、委员个人视察、调查都只是为具体行使监督权提供信息和材料，不能直接进行处理，任何处理决定都要由人大及其常委会具体作出。具体行使监督职权，是民主集中制在人大实践中的具体体现。

(四) 职能分工原则

在人民代表大会制度下，人大及其常委会同国家行政机关和司法机关之间不是平起平坐、分权制衡的关系，而是决定与执行、分工与合作的关系。为了避免权力的过分集中，在保证权力机关统一行使国家的行政权、审判权和司法权的前提下，遵守职权分工的原则，使人大在积极行使监督权时，不失职、不越权、不谋求法律规定以外的权力、不侵犯或代替其他国家的职权。具体表现为：人大产生"一府一委两院"，"一府一委两院"对人大负责，受人大监督，人大将行政权、司法权交由"一府一委两院"行使。在此过程中，人大依照法律规定对"一府一委两院"实行监督，既不失职又不越权，目的是督促"一府一委两院"依法行政、公正司法，把各项工作做得更好，保证把人民赋予的权力真正用来为人民谋利益。

三 人民代表大会监督效能的滞后

2020年5月第十三届全国人民代表大会第三次会议作的《全国人民代表大会常务委员会工作报告》中就指出常委会坚持正确监督、有效监督，聚焦行政权、监察权、审判权、检察权的依法正确行使，依照法定职责围绕重大改革发展任务推进监督工作。但监督工作的机制方法有待完善，监督实效需要进一步增强。2021年习近平总书记在中央人大工作会议上也强调："各级人大常委会要聚焦党中央重大决策部署，聚焦人民群众所思所盼所愿，推动解决制约经济社会发展的突出矛盾和问题。要加强对法律法规实施情况的监督，完善人大监督制度。"① 2022年四川省人民代表大会常务委员会工作报告②中亦指出该省监督实效需进一步提高，上下联动形成监督合力也还不足。因此，人民代表大会的监督效能仍然显现不足，还滞后于现有社会发展水平和人民群众期许，滞后于宪法和法律的应有要求。

对此，学术界进行了详尽的研究。如王臣申认为："基层人大普遍存在监督力度不够、失之于软、失之于虚、监督走过场等问题。"③ 蒋鹏军指出："一些地方人大常委会监督缺位、力度弱化、实效不高的问题仍然存在，与宪法和法律的规定，与人大代表的要求和人民群众的期待相比存在一定差距。"④ 罗星也指出各级人大

---

① 王宁：《四川省人民代表大会常务委员会工作报告》，《四川时报》2022年1月29日。
② 习近平：《坚持和完善人民代表大会制度 不断发展全过程人民民主》，《人民日报》2021年10月15日。
③ 王臣申：《数字化改革：基层人大监督制度重塑路径研究》，《宁波经济》2021年第11期。
④ 蒋鹏军：《对加强地方人大监督工作的思考》，《吉林人大》2020年第6期。

◇ 专题询问　人大监督新路径 ◇

及其常委会"监督理念有待提升、监督手段有待丰富、监督实效性有待加强、监督的协同性有待加强"①。王嫚从乡镇人大视角出发，指出"乡镇人大监督权履行存在法律监督过于被动、工作监督不够全面、财政预算监督机制不健全的问题"②。所以基于对人大监督乏力的认识，更多的学者将研究重点放在了如何有效提升人大监督实效性上。

但上述观点多侧重于法学和管理学的角度。"从公共治理角度看，监督制度的功能在于降低治理成本，纠正治理偏差，促进社会合作，服务经济发展，抑制腐败行为，提高管理效能。"③ 因此，"应用社会学的研究方法来分析监督权力的运行，将其放在社会多元的利益格局和复杂的利益冲突中，更有利于认识监督制度的现实基础和内在冲突，也因此具有更明显的现实指向"④。

从整体上来看，当前我国正处于社会主义现代化的新时期，政治、经济、文化正经历"千年未有之变局"。因此对人大监督权行使的效能评估必须立足于此宏观社会背景中，必须从完善党和国家监督体系到注重激发监督内生动力出发，在确定人大政治和社会整合功能的前提下，将之视为现代化推动的必要引擎。

第一，我国的现代化模式是政府驱动型的。政府驱动型的现代化模式下，如何平衡政社关系是核心问题。随着现代化的推进，社会事务愈发复杂，行政部门的权力出现了扩张，所涉及的领域和事务会越来越多。政府的利益也越来越塑造着政治议题和政策走向。因此，人大对行政机关的监督必须防止行政权力和司法权力对社会的过度干预。然而，目前的监督，都只是在围绕着具体的细节和事件进行，其审核的重点也是以具体的数据为主，而非从现代化的宏观角度进行审核。正如陈国权所言："衡量政府执行权运行的好坏，

---

① 罗星：《党和国家监督体系视域下的人大监督现状与改革路径》，《人大研究》2020年第6期。
② 王嫚：《乡镇人大监督权理论、问题及思考》，《法制与社会》2021年第1期。
③ 尤光付：《中外监督制度比较》，商务印书馆2003年版，第1页。
④ 任喜荣：《地方人大监督权论》，中国人民大学出版社2013年版，第31页。

不仅要看政府做过些什么,还要看人民群众从中得到了什么;不仅要看执行权的运行产生了怎样的经济效益,还要看其如何促进人民群众生活水平的提高;不仅要看结果的总量,还要看执行过程和分配利益中的程序是否公平正义。"①

第二,现代化的实现需要稳定的政治和社会环境。然而,近年来,我国暴露出一些严重影响社会稳定的案件,如"呼格案""赵作海案"等。虽然最后都给予相关人员平反,但是作为后续措施,人大及其常委会却没有对之进行询问或质询。而且,从近年来的情况看,各级人大的监督工作主要集中在执行权监督上,如截至2016年全国人大分别进行的11次专题询问,都是集中在安全生产、环保和食品等领域。因此各级人大及其常委会还需不断强化监督职能,充分发挥人大在促进社会和谐稳定中的职能作用,不断推进治理现代化。

第三,人大的监督工作并没有很好地建立起公民对人大的信任。理论上,人大是我国的最高权力机关,其对同级行政机关、司法机关以及下级人大的监督是最高监督。同时,我国的人大代表是自下而上选举出来的,因此更能代表人民的利益。然而,当前人大的监督工作并没有构建起公民对其的信任。一方面,公民在遇到问题时,其首先想到的是党政机关和干部,其次是司法机关,而对人大则基本上不予以考虑;另一方面,公民在谈到监督时,并不会立刻想到人大监督这种最权威的方式,而更青睐于社会监督和媒体监督等形式。

四 人民代表大会监督效能发挥的制约性因素

如上所述,当前人大监督效能存在着一定的滞后,在某种程度上无法适应我国现代化和社会高质量发展的需求。然而,这种现象的背后,却是有着非常复杂的法律、历史和社会的原因。

---

① 陈国权:《权力制约监督论》,浙江大学出版社2013年版,第211页。

第一,监督土壤缺失和监督文化基础薄弱。"自战国之后,中国就变成了'以君主为主,天下为客'的社会,皇帝以个人及家族利益为本位,以天下民众为工具。"① 帝王坐拥最高权力,在"君权神授"理论的支撑下进一步巩固着"天下第一"的地位,百姓大众在君君臣臣、尊尊亲亲的礼教规定下单方面听其号令。所以,中国历史上的政治体制中多是集权制,监督的内容较少。加之受传统文化观念的影响,中国人头脑中鲜有监督的概念,民对官的监督根本就无从谈起。而诸如"如果人都是天使,就不需要任何政府了。如果是天使统治人,就不需要对政府有任何外来的或内在的控制了"② 等西方观念在中国古代社会更是绝不可能出现的。因此,从文化层面来看,君本位思想和官僚体制始终嵌入在中国社会的方方面面。对于"君主文化"的服从和认可制约了我国监督体制中"民众监督"的实行。

第二,《宪法》的权威没有真正树立。近代民主制产生、发展的历史演变过程表明,《宪法》是商品经济原则普遍化的产物。新中国成立后,国家主要靠行政手段来管理经济,实行的是产品经济和趋向单一化的所有制形式。这种经济可以视为长官经济和权力经济,企业成为政府的附庸。这种计划经济在本质上悖于《宪法》权威的确立。目前,我国尚处于社会主义初级阶段,市场经济体制初步建立,商品经济所附带的各种价值观还没有深入人心。在此情况下,《宪法》权威的最终确立将是一个长期的历史过程。

第三,政治体制没有完全理顺。从社会主义的建设进程来看,社会主义市场经济的建立、依法治国被写入《宪法》等等这些固然可喜。然而不能忽视的是,尽管人大及其常委会是最高权力机关已有《宪法》规定,国务院是它的执行机关,对人大负责,受其监督,但党政不分的体制却仍然有一些地方值得深思。一方面,党中央或党委对所有重大事项政策的定夺是毋庸置疑的。但部分区域却

---

① 杨阳:《王权的图腾化》,浙江人民出版社2000年版,第15页。
② [美]汉密尔顿、杰伊、麦迪逊:《联邦党人文集》,程逢如等译,商务印书馆1980年版,第264页。

第二章 人民代表大会传统监督方式与成效

存在党委决策与政府行为共为一体,由党委包揽政府事务的情况,严重制约了人大的依法监督。另一方面,人大及其常委会的监督是否可及于党组织和党员干部,是解决人大监督滞后问题难以跨越和绕开的一个关键点。"如果是党委决策的事情出现错误,只是去纠正执行党委决定的行政、司法机关或人员的错误,这样既不能解决问题,又失公正。实践中,凡党委或某个领导人决定的事出现了错误,人大监督想给予纠正是非常困难的。"[1] "从现实的情况看,有的地方党委仍然习惯于以党代政,包揽过多,权力过分集中。一些有关国家事务的重大问题,往往是党委决定,政府去办,把人大撇在一边。在这种情况下,人大实行监督感到很为难,怕监督到党委头上,影响同党委的关系。政府则认为,重大问题都是党委决定的,只要向党委负责就行了,接受不接受人大的监督关系不大,甚至认为人大监督是多了一个'婆婆',没有必要。这固然与干部素质相关,但主要原因还是体制不顺。党委、人大、政府的职能和相互关系,在制度上缺乏明确、具体的规定。"[2] 但值得关注的是,党的十九大在系统总结以往改革成就和经验的基础上,已经针对监察实践中出现和尚待解决的各种问题作出了全面部署。因此,新时代监察体制改革是以习近平同志为核心的党中央提出的一项重大的政治体制改革,我们必须坚定不移朝着完善和发展中国特色社会主义制度、推进国家治理体系和治理能力现代化的方向继续前进。

另外,人大授权与监督存在体制性的失衡。在当前我国人民代表大会制度中,有这样的政治关系:选民与代表的关系、作为个体的代表与作为整体的代表大会的关系、代表大会与"一府一委两院"的关系、"一府一委两院"与公民的关系等。在这样连续的政治纽带关系中,政治权力最终能否运用到为民众或者说为选民谋求利益上,在很大程度上并非取决于个人。而是取决于与政治权力相关的约束制度规范的科学设计及发展完善,以及我们的政治体制如

---

[1] 蔡定剑:《中国人民代表大会制度》,法律出版社2003年第4版,第410页。
[2] 刘政、程湘清:《人大监督探索》,中国民主法制出版社2002年版,第96—97页。

何去引导政治权力运作。在前述的几对关系中，其运行过程中普遍存在"制度性偏向"或者说权力倾斜的现象。具体就是在这几对关系里，权力在运行时似乎都出现偏向后者的情况，这同时也反映了现行的政治体制对政治权力的规范并不是处于一种平衡的状态。相较于监督，更加注重权力的来源，即授权。因此导致的监督不力等问题也就无法轻易解决，人大重授权其实就是"制度性偏向"的某种表现。[①]

第四，人大自身建设不完善。如人大代表的兼职身份，多为政府官员，且无劳动报酬，导致人大代表缺乏主动监督的内在动力；同时由于社会事务越来越复杂和专业化，在没有辅助机构的情况下，人大代表很难理解某些专业的问题，这也导致了监督效能的低下。

除了上述原因以外，法律建设也存在问题。如《监督法》所规范的监督主体范围限于人大常委会，将人大监督与人大常委会的监督相分离，却不一定是完善监督的最佳立法进路。因为人大常委会究其性质，只不过是常设机构，人大本身才是我国监督机制中最基础的监督主体。

[①] 程竹汝：《监督权——人大权力总量的百分之五十》，《上海人大》2010年第11期。

第三章　人民代表大会的新监督方式：专题询问

人大监督是具有法定效力的监督，是国家权力机关对"一府一委两院"的监督，是党和国家监督体系中的重要组成部分。2014年9月5日，习近平总书记在庆祝全国人民代表大会成立60周年大会上的讲话中指出："人民代表大会制度的重要原则和制度设计的基本要求，就是任何国家机关及其工作人员的权力都要受到制约和监督。各级人大及其常委会要担负起宪法法律赋予的监督职责，维护国家法制统一、尊严、权威，加强对'一府两院'执法、司法工作的监督，确保法律法规得到有效实施，确保行政权、审判权、检察权得到正确行使。"[①]

专题询问是新时期人大为加强监督工作而在一般询问基础上进行的创新之举，是当前各层级人大监督工作的特色和亮点，是"通过一问一答、追问追答的方式，面对面深入交流讨论问题，研究解决办法，统一思想认识，形成良性互动局面"[②] 的询问形式。因此专题询问的出现有其历史必然性和现实必要性，对其进行深入地研究和探讨，对于认识新时代中国特色监督机制具有重要意义。

[①] 习近平：《在庆祝全国人民代表大会成立60周年大会上的讲话》，人民出版社2014年版，第11页。

[②] 《完善专题询问　加强人大监督——新时代全国人大常委会监督工作的创新实践》，共产党员网（https://www.12371.cn/2019/07/17/ARTI1563326725813819.shtml），2014年9月5日。

一　专题询问兴起的社会背景

专题询问的诞生与兴起，不仅与中国整体制度设计、政治文化和社会环境有着密切关系，同时与人大传统监督方式和监督效能低下、社会变革时期的社会多元化以及人民社会的壮大有着密切关系。由此，自上而下展开的专题询问浪潮得到了自下而上的呼应，新时期人大监督工作的新局面也随之开启。

（一）新世纪我国社会的多元性变迁

随着中国市场经济进入新的经济结构转换期，传统社会同质化和均益化格局逐渐被打破，社会意识多元化、社会需求多元化、社会问题多发成为社会变革时期的主要特征。这些问题的凸显必然要求政府不断完善社会治理机制，不断提升其内部的决策科学化和权力监督水平。

1. 利益分化和重组方式多样

利益分化，一般是指因社会结构性变革引起的具有相对独立利益的利益主体持续分化和重组的过程，或是指原利益主体间因获取利益的途径和方式不同而分化形成新的利益主体的过程。改革开放四十多年来，在国内社会结构中，利益分化和重组十分明显。总的趋势和特征为：从平均化到多极化、从依赖性到独立性、从稳定性到多变性。具体可从以下方向窥见。

一是利益主体多元化。利益主体多元化是利益多元化的基本层次之一。它是指社会中的利益主体经过分化重组而生成不同利益主体和利益群体的过程。随着市场经济和民主政治的不断发展进步，利益主体多元化成为当今社会的基本特征之一，也成为了市场经济存在的基础。就利益主体的形式来看，个人、群体乃至集团均是其形式，当下除传统四大利益主体（工人、农民、知识分子、党政干部）之外，还新增了个体劳动者、私营企业主、企业家等利益主体。同时，原先四大利益主体的内部也在持续分化、重组，生成了诸多具有交叉性的利益主体。而诸多类型的经济实体、党政机关、团体甚至小到一个家庭、个人，由于生活在同一社会场域下，在市场经济的积极或消极带动下相互间都有着或深或浅的利益分化和或大或小的利益差别。这些社会元素在整个社会利益体系中分别占有自己的利益位置，彼此间存在着相互依赖和相互交换的利益关系，从而构成了一种多元的利益主体结构。

二是利益实现途径多元化。改革开放以来，围绕以经济建设为中心而出台的相关政策极大地刺激了市场活力，利益主体获取利益的途径由此增多，并呈现出多元化的特点。人们不再局限于某一单一领域谋取利益，而是积极利用自身优势在一、二、三产业中交叉获得利益价值，开始获得更多诸如股份分红、债权利息、要素分配、风险补偿等合法的非劳动收入。因此，利益实现、取得途径的多元化，虽因利益主体争夺利益而诞生，却也为利益主体反向提供了更多的利益途径以实现利益追求。

三是利益观念的更新。随着改革开放的深化和市场经济的发展，人们之间的收入差距逐渐扩大。而此时，由经济收入决定的消费观念、利益观念也开始拉开差距，不同的利益主体开始谋求不同的利益需求，利益格局正在进行新的重组。因此，与经济发展同步的思想解放以及对消费、利益观念的转变，使人们开始学会用新的方式去实现利益目标、满足利益需求。同时，利益观念的更新又鼓动着利益主体积极努力地劳动、付出，用心、用脑思考经营和生产创造，尽力去谋求和实现更多的利益。于是，利益主体的这种利益欲望和观念在利益分化的现代化进程中被催生，又反过来成为现代化发展的动力。

2. 多种社会问题浮现

改革开放以来，在中国经济结构转换过程中，由于社会系统变迁和社会结构失调，我国新的社会问题开始浮现。通过分类，可将之归为以下几种：

第一种是结构性社会问题。结构性社会问题是指在社会变革过程中由于现有制度和政策失调而诱发的一种社会问题，体现为新旧社会结构要素之间的矛盾和冲突。这类问题通常具有全局性、普遍性、长期性与潜伏性等特点,是由诸多类似个例综合而成的,因此这类问题不以个人的意志为转移。从范围来看,这类问题包含范围较广,有人口、就业、贫富分化加剧、官员腐败等问题。其中,贫富分化问题是结构性社会问题中最主要的问题。其成因是社会成员间高低收入不一,且这种差距不断扩大导致的。具体的体现也是多种多样,比如"城乡居民间、不同经济类型的单位间、不同行业、经济体的管理者与职工间、甚至在农村中的成员间、雇主和雇工间"[1]等等,都存在贫富分化的现象。而需要说明的是,贫富分化问题虽说是社会变革的衍生物,但不意味着无法解决、得听之任之。因为自党的十八大以来,我国就已经通过社会结构性改革、培育和发展社会组织、建设公共服务型政府三个维度来加大社会治理力度,积极建构以公正为基础的三维制衡的现代社会结构。

第二种是阶段性社会问题。也有学者称之为"变迁性"社会问题,它是指社会进化发展至某一新阶段所产生的问题,是人类社会从此阶段过渡到下一阶段的衍生物,不可逾越,不可省略,也不以人的意志为转移。改革开放以来的四十多年间,我国变迁性社会问题主要包括:进城农民工问题、生态失衡与环境破坏问题、老龄化问题、离婚率上升等问题。这些问题的存在是传统社会向现代社会跃升的标志,也是新时期社会治理中无法逾越的重要内容。

第三种是越轨性社会问题。简单来说就是违法犯罪的问题,这种问题很大程度上源于个人认知所采取的行为超越了社会一系列规范所允许的范围。当前我国经济发展与社会发展的不同步激化了一定的社会矛盾,在这种情境下,最先感受到相对剥夺感的是一部分弱势群体,于是黑恶势力猖獗、青少年犯罪、偷盗行为、假冒伪劣等问题开始出现。因此,在社会治理中需要积极寻求办法对这类群体进行帮助和维权,使其获得更多的生存发展机会,在一定程度上

---

[1] 肖文涛:《我国转型期社会问题的理性思考》,《中共中央党校学报》2001年第4期。

减缓市场经济对这类群体的冲击和伤害。让他们同样产生幸福感和获得感，减少对社会的不满情绪、减少越轨性社会问题的产生，进而营造良好的社会氛围。

第四种是病态性社会问题。这种社会问题与前一种较为相似，不同之处在于，这种社会问题是指社会生活中存在的与现行法律法规相抵触、有悖于社会主义道德规范的那些畸型的、丑恶的社会现象。"当在理论上把'战略'当作'理念'时，便潜在着由'经济中心'走向'经济至上'，再走向'经济的价值霸权'的可能和危险；在实践上也必定遭到许多难题和困境。"① 这类问题主要包括色情泛滥、吸毒贩毒、艾滋病流行、利他性行为衰减等。尤其利他性行为衰减问题较为突出，某段时期社会上英雄主义精神几乎泯灭，导致见义不为、见死不救等冷漠行为在许多公共场合发生的突发事件中屡有发生，人际的互助行为明显减少。

第五种是心理性社会问题。这是基于社会变革带来的心理负荷加重和心理震荡难以调整适应导致，也基于个人面对挫折、创伤、身心疾患不能及时调适而导致。"目前中国的经济发展，已经出现西方社会那样的现象：经济发展及其水平与人们的幸福和快乐指数不呈正相关，甚至是负相关。"② 这种心理性疾病原先并不被大众所留意，但由于心理性疾病患病人数居高不下且极容易牵扯到其他个人和家庭，因而被纳入到社会问题中来考量。这类问题的主要体现为社会焦虑现象弥漫、精神病患者增多、自杀率上升等。

回顾历史，这些特有的问题在某些发达国家兴起过程中都普遍存在，并产生了较大的破坏力，甚至引起了现代化的中断。因此，如何克服这些问题，减少其对中国现代化的负面影响，将是中国政府和社会面对的重大挑战。而要解决问题，一方面要依赖于政府的科学决策和管理；另一方面，必须接受人大的监督，避免政策实施

---

① 樊浩：《中国大众意识形态报告》，中国社会科学出版社2012年版，第8页。
② 樊浩：《中国大众意识形态报告》，中国社会科学出版社2012年版，第10页。

过程中权力变异、衍生其他问题，并与原有问题结合，产生更大的破坏力。

3. 社会观念多元化

整体上看，"以经济体制改革为主要内容的体制世界的转变，在形式上倡导了效率化、理性化和普遍化的价值取向，而没有发生本质变化的生活世界却固守着权势中心、亲情纽带和特殊主义的传统"①。因此，经济体制与生活世界之间的分离性变迁，引发了大量的社会矛盾和社会问题。而此过程又不可避免地引起了不同利益主体间的摩擦，从而导致不同机构、不同地域、不同工作、不同经济水平的人们之间出现价值观念冲突。

第一，自然经济、计划经济与市场经济价值观念的冲突。我国传统的经济形式是自给自足的自然经济，它把人们生活的场域缩小至每一个生产者的家庭内部，守旧、封闭、按部就班的思想观、价值观自然而然地"配合"着自然经济的生产生活。1949年后，我国开始确立高度集中的计划经济运行体制，所有从事经济活动的主体必须依附和服从于国家，传统的经济活动开始失去了独立自主性。改革开放后，市场经济体制开始迫使经济活动面向市场，导致"游戏规则"由人情、权力主导变为能力主导。于是，重能力的观念逐步形成，与之相关的呼吁更公平的竞争规则、创新的重要性、良好的法治、高效的生产等等也随之而来。但此时，也存在一些新矛盾与不和谐因素影响着新时期的经济发展和社会进步。具体表现为自然经济、计划经济中的部分思想价值观仍然以各种形式滞留在一些人的观念和行为中，不仅背离了市场经济发展的需要，更是造成大量价值行为失范和社会冲突。如群体价值和个体价值的冲突、公平价值和效率价值的冲突、地缘亲缘价值和业缘趣缘价值的冲突等。

第二，西方价值观与本土价值观念的冲突。21世纪全球化浪潮在科学技术的迅速助推下，不仅促进了国与国之间的经济往来，

---

① 刘少杰：《当代中国社会转型的实质与缺失》，《学习与探索》2014年第9期。

第三章 人民代表大会的新监督方式：专题询问

也导致了西方价值观的输出与"普世化"。随着我国改革开放的深化，这些西方的价值观也对我国本土价值观造成了冲击。资本主义私有制基础上的西方资本主义价值观念极端突出个人和个人利益，重视功利，强调个人本位、天赋人权。反之，以儒家为代表的中国传统价值观念，强调道德至上，重视"众"的观念，要求个人无条件服从集体、国家、民族、家庭，提倡忠孝，倡导为民族、为国家献身而压抑个性。在全球化背景下，我国传统文化遭遇了前所未有的挑战——"义"与"利"的冲突、"中庸之道"与"竞争创新"的冲突、"无为"与"有为"的冲突、"无我"与"有我"的冲突等。而在这些问题上如何取舍又不能一言以概之。

第三，阶层间价值观念的冲突。阶层间价值观念的冲突也被称为阶层文化冲突。有社会学者把我国社会民众划分为十大阶层，即国家和社会管理者、经理人员、私营企业主、专业技术人员、机构办事人员、个体工商户、商业服务人员、产业工人、农业劳动者、城市无业（失业、半失业）人员。[①] 这十大阶层是市场经济发展和社会变革时期出现的，是多元利益主体的重要组成部分。当下，我们主要根据经济实力和社会资源占有率等将其划分为优势地位阶层、中间地位阶层、基础地位阶层三个层级。而由于不同主体间的劳动内容、生产关系、社会资源与制度分割并不相同，因此不同阶层间的价值取向亦存在差异。以权利意识的冲突为例进行说明：利益如何实现高效合理的分配，首先依赖权利意识的形成。当下，优势地位阶层的权利表达是计划权力，中间地位阶层追寻的是自由理性意识，基础地位阶层拥有的则是一种弱助意识。在共有的场域环境下，三种不同的社会意识正在影响着阶级利益实现和维护的正当性、公平性，不同的阶层主体为争取本阶层利益也开始在利益实现行为中"各自制衡"。此外政治因素和文化条件也是阶层间价值观念冲突的重要影响因素，如城乡二元化、民族文化多样化就会引发阶层文化冲突。因此，社会的深层变革引发了社会价值观念的多变

---

① 陆学艺：《当代中国社会流动》，社会科学文献出版社2004年版，第9页。

性和矛盾性,即社会经济革新基础上的社会阶层分化和社会权力转移导致了不同阶层间价值观念的冲突。

第四,价值取向多元化与价值导向一元化的冲突。"价值的多元性,是指同一客体对不同主体或不同时期、不同条件下的同一主体的价值不同,甚至有多种价值。""价值的一元性,是指价值的确定性、单一性,是客体对同一时期的社会主体或一定时期、一定条件下的具体主体,对某一主体某一方面的具体的价值是确定的、单一的,而不是多元的。"① 正如前文对利益主体多元化的叙述,从利益主体多元化这一逻辑起点开始,不难推出的是价值取向的多元性。尤其正值社会变革期,主体差异化背后所处社会生产关系的不同,个人性格意志的偏好及主体利益需求的不同,自然会造成不同的价值判断标准。于是,价值取向多元化与价值导向一元化之间开始出现冲突。一方面,价值取向的多元化开始放大社会群体的异质性,引发社会动荡,导致价值冷漠和伦理丧失。另一方面,背离一元价值导向的价值取向会使个体在价值判断上产生困惑,进而使生产力停滞不前或倒退。

总体来说,转型社会中的人民社会兴起本身既是表现,又是动力,其在发挥社会监督功能的同时,也将推动体制内监督权的落实、监督手段的创新和监督效应的强化。

(二)我国人民社会的日益壮大

人民社会是中国的重大理论创新和实践创新,是中国共产党领导下为不断改善民生、实现共治共享而建设起来的社会主义和谐社会,"是一种源于中国文化、符合中国国情、具有中国特色的全体人民所构成的社会主义社会"②。人民社会的日益壮大成为新时期人大专题询问得以兴起的重要社会背景。

---

① 朱霞:《人的活动价值取向的历史演变》,《魅力中国》2011 年第 7 期。
② 胡鞍钢:《人民社会为何优于公民社会》,《人民日报》(海外版)2013 年 7 月 19 日第 1 版。

1. 公民政治参与扩大

人民社会壮大的首要表现是公民政治参与的扩大。公民政治参与是指公民能够在《宪法》和法律法规规制下以合理、合法、理性的方式去影响政府决策和政治生活。改革开放以来，公民越来越认识到自己在国家中的政治地位以及个体之于国家的关系，权利意识、义务意识、社会责任意识、民主参与意识得到不断强化。因此，公民开始积极投身于政治生活领域，充分发挥人民当家作主的权利。从参与方式上来看：随着网络技术的迅猛发展，传统话语权被重构，公民在获得更多话语权的背景下，开始积极利用新媒体向政府反馈意见、阐述建议、反映利益诉求。于是，公民在风清气正的网络空间中切实扩大着政治参与，推进着国家民主政治进程，人民社会不断壮大。从参与领域来看：公民参与的领域涉及政治、经济、文化、社会、生态五个层面，聚焦物质需求、精神文化需求、集体利益需求三个维度。习近平总书记指出："我们的人民热爱生活，期盼有更好的教育、更稳定的工作、更满意的收入、更可靠的社会保障、更高水平的医疗卫生服务、更舒适的居住条件、更优美的环境，期盼孩子们能成长得更好、工作得更好、生活得更好。"[①]从参与效果来看：有序政治参与更具理性和深度，政治参与的效度和信度提升，公民的政治认同、国家认同也大大增强。因此，公民政治参与的扩大虽为人民社会壮大的重要表现，同样也推动着人民社会的持续发展。

2. 公益价值观形成

人民社会壮大的第二个表现是以公益为核心的社会价值体系——公益价值观的形成。公益价值观是影响公民公益意识和公益行为的最根本的因素，它弘扬着真善美，体现着新时代公民的社会责任和人文关怀。自党的十八大提出社会主义核心价值观以来，我国的公益事业迅速发展、公民志愿服务活动迅猛增多，以公益为核心的社会价值体系开始形成。于是，公民个人、各类社会主体开始

---

① 《习近平谈治国理政》，外文出版社2014年版，第4页。

积极探索用市场机制解决社会问题,以此实现社会公益目标。在人民社会壮大的进程中,公益志愿服务主要体现为"担当""专业""情怀""创新""合力""多元"几个关键词,是对新时期社会主义核心价值观的有效践行。在社会责任感的影响下,公民主动形成角色担当,敏感的发现、研究和干预社会问题。因此,公益价值观开始被解读为"促进人对自身公益性的自觉",公益志愿活动成为一个自觉、自主、自发的社会行为,推动着公民社会的优质化发展。

3. 社会组织壮大

以爱国主义为信念的中国社会组织是一种"人民社会",它已经发展成为中国现代化事业建设中一个巨大的积极的力量。改革开放以来,民众生活的社会环境、经济环境、政治环境、法律环境和文化环境大幅优化提升,社会组织开始如雨后春笋第一次大规模出现。在政策导向上,更是直接给社会组织赋权,推动其发展壮大。党的十八大提出要发挥社会组织协同作用,推进民主化进程;党的十九大要求社会组织等主体有序、协同参与社会治理;党的十九届四中全会通过的《中共中央关于坚持和完善中国特色社会主义制度、推进国家治理体系和治理能力现代化若干重大问题的决定》更是直接表明:在构建基层社会治理新格局中,要求发挥群团组织、社会组织作用,夯实基层社会治理基础。[1] 于是,一个个保持良性互动又依法自治的现代社会组织开始积极活跃在中国各个领域,成为一道道亮眼的风景线。它们运用自身具有的资源汲取功能、文化涵育功能和社会动员功能积极推进着社会的经济发展、政治参与、社会稳定、文化传承、生态保护,开始以治理主体身份成功进入社会治理场域。当前,中国已经有90多万[2]社会组织在政府引导下围绕自身擅长领域开展助力于社会治理的工作,并通过自身独特治理功能来回应政府和社会的功能期待。因此,作为中国社会实体的人民社会主体,社会组织正在积极推动着人民社会的壮大。

---

[1] 参见《中共中央关于坚持和完善中国特色社会主义制度、推进国家治理体系和治理能力现代化若干重大问题的决定》,人民出版社2019年版,第29—30页。

[2] 中国社会组织政务服务平台(https://chinanpo.mca.gov.cn/)。

第三章 人民代表大会的新监督方式：专题询问

"江山就是人民，人民就是江山。"人民是新时期社会主义和谐社会的积极建设者，是实现中华民族伟大复兴中国梦的重要社会基础。因此，人民社会的壮大成为新时期人大专题询问不断发展的重要社会背景。

二 专题询问的内涵与规则

专题询问是新时期国家权力机关根据更加明确的询问主体、更加丰富的询问内容、更加细化的询问程序而有计划、有组织地就某一领域某一工作内容集中开展的专门询问活动，是传统询问的衍生与拓展。为了正确认识专题询问的理论基础和实践价值，我们首先需要对其内涵、外延、特征、运行规则以及与其他制度相区别的界限进行全面的了解。

（一）专题询问的内涵

1. 专题询问的定义

虽然当前还未对"专题询问"作出明确的概念界定，但已形成相应的制度供给和制度边界，其法理基础主要是以《监督法》中规定的询问制度来体现的。询问是《宪法》赋予人大及其常委会的一项重要的监督权力，是各级人大常委会在审议"一府一委两院"议案或报告的过程中，就其中某些不明确不清楚的部分对相关部门进行提问，以更全面地了解议案的活动。而专题询问是询问的衍生和拓展，是对询问这种法定监督形式的创新与发展。具体来说，它是指人大常委会有计划、有组织、有重点地就"一府一委两院"某一方面工作集中开展的专门询问活动。[①] 在此过程中，有关部门主要负责同志要到会听取意见、说明情况、回答询问、作出解释、答复

---

① 参见朱仰民、孟宪石《人大专题询问制度研究》，《山东人大工作》2020年第12期。

质疑。① 相较于传统询问，专题询问虽然并未突破询问的固有模式和基本要素，但其所呈现出的针对性、深度、组织力和监督效力明显更强，是一种柔中带刚，刚柔相济的监督方式。

2. 专题询问制度的构成要件

（1）询问主体。人大常委会组成人员、人民代表大会专门委员会成员以及应邀列席会议的人大代表是专题询问的主体。由人民选举产生的人大代表可以代表人民行使国家权力，有权对涉及民生发展的重大问题进行专题询问。专门委员会则是人大常委会的常设机构，其组成人员必须从代表中提名产生，并且由代表大会通过，因此也可以对其工作范围的主体进行询问。此外，作为一种公开监督形式，在专题询问会上，还可以邀请一些旁听公民，公民可有一定的发言权，主持人可决定是否将所询问的内容列入询问问题，被询问人也可决定是否回应。

（2）应询对象。根据法律规定，法定的询问对象即被询问机关，是本级人民政府或有关部门、本级人民法院或本级检察院，而代表被询问机关的应当是机关的主要负责人。在普通询问中，法律规定"一府一委两院"应当派有关负责人员到会听取意见、回答询问，但并未规定被询问人员必须是被询问机关的主要负责人。相对于普通询问，专题询问对被询问人要求更为严格，必须是有关部门的主要负责人。在中央，要请国务院有关部门主要负责人到会听取意见、回答提问、答复问题；在省级政府机构，根据询问专题所涉及的工作，省人民政府负责人或有关部门负责人、省高级人民法院负责人、省人民检察院负责人应当到会接受询问。

（3）询问内容。开展专题询问时，在充分征求有关方面意见的基础上，人大及其常委会还要制定详细的工作方案。而工作方案中最重要的一个内容，即是确定询问内容。专题询问内容是关系到专题询问能否成功的基础与前提，在具体操作中，人大常委会专题询

---

① 戴激涛、张秋红：《专题询问：增强人大监督实效的重要举措——基于广东各级人大开展专题询问的思考》，《人大研究》2012年第9期。

问内容主要来源于四个方面：一是常委会组成人员和人大代表视察与询问专题有关的工作或专题调查研究中发现的突出问题；二是常委会组成人员就询问专题提出的比较集中的问题；三是人民代表大会专门委员会、常委会工作机构就询问专题开展的调查研究中发现的突出问题；四是常委会工作机构围绕询问专题，通过代表座谈会、征求意见函、人民来信来访、媒体网络等了解的反映集中的问题。

（4）询问目的。作为一种手段，专题询问的真正目的在于监督、保障"一府一委两院"工作的顺利进行。具体操作中，人大常委会有关工作机构综合整理专题询问的意见建议，作为常委会组成人员审议意见，交人民政府、法院或者检察院研究处理；根据专题询问情况，常委会认为必要时可以就相关专项工作报告作出决议、决定。

（5）询问结果。专题询问始于"问"，却不止于"答"，还需要后期不断督促整改。专题询问结果的呈现主要体现在四个方面：一是各级人大根据审议的议题在规定时间内作出相应的审议意见或者是各种可行性方案，转交"一府一委两院"整改落实。二是"一府一委两院"根据整改意见认真进行问题办结，建立事结反馈制度按时向对应的人大常委会进行报告。三是通过建立健全监督测评机制对询问事项的后期整改工作进行评估，从而增强人大监督的效能和刚性。四是通过专题询问结果的及时公开，来保障公民的知情权，通过社会监督提升人大监督实效。

3. 专题询问的原则

一项制度的基础性原理便是原则，它指导并协调着整个制度的运行。虽然当前我国尚未从立法层面明确专题询问的程序性规范，但我们却可以根据《中华人民共和国宪法》《中华人民共和国立法法》中关于立法基本原则的规定，来明确在开展专题询问中应该把握的几个原则。

（1）合法性原则。该原则是法治国家的基本要求。在专题询问制度中，合法性原则包含以下要求：一是该制度的存在具有合法性。《监督法》第三十四条规定："各级人民代表大会常务委员会会议审议议案和有关报告时，本级人民政府或者有关部门、人民法院或者人民检察院应当派有关负责人员到会，听取意见，回答询问。"因此，询问权是人大依法享有的一项法定权力。而专题询问作为传统询问的创新和发展，理所应当沿袭其法定性。二是该制度运行时，其内容与程序都具备合法性要求。展开来说，就是指专题询问的议题必须是《宪法》、法律规定属于本级人大常委会职权范围内的事项，必须符合《宪法》、法律以及党和国家的方针政策、上级人大及其常委会的决议，不能与之相抵触。同时，专题询问的程序应当符合法律要求，包括提出议题、决定议题、公布结果等都应符合，才具有法定性和权威性。

（2）合理性原则。合理性原则要求一项行为的开展要有合理的动机，要有理有据，要做到合理、合情、恰当和适度。首先，形式上要合理，专题询问虽然是对传统询问的创新和发展，但仍然需要在询问这种监督形式内开展活动。活动不能超出目的范围，要符合专题询问的目的本身，否则有违该制度设立目的；其次，内容上要合理，专题询问中议题的确定要合理，符合当地实际，具有可行性，不能滥用此权力，浪费人力物力；再次，程序上要合理，专题询问应该在充分的调研论证基础上开展，要按照会前筹备、会中询问、会后跟踪的程序进行落实。此外，询问频度要合理，询问政府及其职能部门的频率要适度，不能过于追求形式。要在法律对人大监督的授权范围内，根据社会发展实际所需开展适度合理的询问。

（3）公开性原则。公开是民主政治的基本特征，是专题询问的实施符合人民意志、代表人民利益的重要保障。这一原则指的是，除依法应保密的以外，应一律公开进行。具体有三个要求：一是专题询问制度应当公开。在实践中，许多地方人大都对该制度进行了立法，地方人大应当主动向社会公开这一典型的地方性法规，保障公众知情权。二是专题询问的过程包括专项议题、调研调查行动、询问过程等都应当是公开的。公开整体过程，对于调动公众参与度、发挥专题询问的真正效能有着重要作用。三是询问结果的公开。专题询问不能只追求形式,应当将询问结果及时公开,让立法机关与其他机关之间的互动在阳光之下接受群众的监督。

4. 专题询问的特征

专题询问在各级各地人大常委会的实践运行中,已经逐渐形成了一套相对稳定的运作机制。其特点主要表现为:

一是询问类别丰富。我国专题询问实践是与"听取与审议政府工作报告""执法检查""审计监督"三种法定监督方式协同运作的。其中,人大专题询问与政府工作报告的结合是被运用最频繁的一种监督类别,这主要与当前我国的民生发展息息相关。通过与三种监督方式的结合,人大专题询问实现了问得更深、究得更准、解得更优的目标,真正展现出了新时期人大监督权在政治实践中的光芒。

二是询问应用普遍。当前,各级人大常委会开展的专题询问已从初步尝试走向常态,彰显了新时期人大监督工作的深入发展。首先是询问内容覆盖面全,财政决算、能源资源安全、住房建设等热点难点问题均出现在专题询问中;其次是会议形式多样,常委会全体会议、联组会议、分组会议、小组会议中都可以开展专题询问;最后是应询对象的全面,除了传统的"一府一委两院"主要负责人,也开始积极纳入一些与议题相关的社会组织和企事业单位。

三是询问效果显著。从询问前的充分准备,到询问过程的顺利开展,再到询问结果的完美达成,诸多疑问得以化解、共识得以形成。一方面,各级人大常委会开展的专题询问,"抓好了选题、调研、协调、提问、答题、测评、督办、办理、问效九个环节,做足了问前、问中、问后三门功课,着力解决了问什么、怎么问、怎么改三个问题,动真格、带真劲、见真果"[①],为新时期人大监督权的有效落实开辟了道路,真正达到问政问效、立行立改的效果。另一方面,专题询问的良好运作丰富了群众建言献策、政治参与的渠道,"展现了国家权力机关依法监督、积极回应社会关切的良好形象"[②]。

[①] 魏吉昌:《做好人大专题询问的思考与对策》,《人大工作探讨》2021年第12期。
[②] 赖斌:《从广东实践看新阶段专题询问提质增效问题》,《人民之声》2020年第11期。

(二) 专题询问与质询

专题询问与质询都是人大在特定的法律规制下对"一府一委两院"工作进行询问、质询的监督方式。我国《宪法》规定，全国人大和全国人大常委会组成人员有对国务院或者国务院各部、各委员会提出质询案的权力。① 《监督法》规定，当达到法定人数的联名后，各级人大常委会可对本级政府及下属各部门、人民法院、人民检察院提出质询。还规定如果半数以上提出质询的常委会组成人员对答复不满意，被质询机关和负责人需继续再做答复。② 《全国人大组织法》和《地方人大组织法》中规定了人大代表对同级政府的质询权。③ 《代表法》中规定全国人大代表一个代表团或者三十人以上联名可以向国务院和国务院各部委、最高法、最高检提出质询案，也即代表享有依法联名提出质询案的权利；县级以上的人大代表可对本级政府、法院和检察院提出质询案；乡镇人大代表可对本级政府提出质询案。《全国人民代表大会常务委员会议事规则》第二十六条、第二十七条、第二十八条和第二十九条对于质询也作出了非常明确的规定。综合来看，质询是指各级人大及其常委会的组成人员，按照法律法规的要求对本级人民政府及其下属的"一府一委两院"提出质询案，以实现一定监督目的的行为活动。

由此观之，专题询问与质询之间存在着一定差异。从性质层面看，质询是一种十分刚性的监督方式，而专题询问相对温和一些，属于"半刚性"。从目的层面看，质询案的提出是为了指出并纠正"一府一委两院"工作及其工作人员的违法渎职行为，重在问责，因而会涉及法律责任；专题询问则是为了了解"一府一委两院"的基本工作并督促其积极、认真、高效地履行职责，一般不会有不利

---

① 参见《中华人民共和国宪法》第七十三条。
② 参见《中华人民共和国各级人民代表大会常务委员会监督法》第三十五条、第三十六条、第三十八条。
③ 参见《全国人大组织法》第十六条及《地方各级人民代表大会和地方各级人民政府组织法》。

后果产生。从运作程序看,质询案因属于议案的一种,所以必须严格按照既有的法律规定开展;而专题询问比较灵活,可以根据议题的不同或者地域等不同灵活展开。从实践频率看,质询这种具备更强监督刚性的监督方式出现频率是极其罕见的;专题询问这种较温和的监督方式出现频率则相对更多一些。最后从监督强度来看,质询的监督强度和力度也远远高于专题询问。

(三) 专题询问与"特定问题调查"

在我国,特定问题调查也是人大监督方式之一,是指人大及其常委会为保证"一府一委两院"权力的正确运作,专门成立特定问题调查委员会就某一专门问题进行的调查活动。而关于特定问题调查,《宪法》和有关法律均对其具体的组织、开展等程序作了全面的规定。我国《宪法》规定[①],全国人大及其常委会认为有必要时,可临时组织调查委员会就某一专门问题开展特定问题调查。《监督法》[②] 以专章的形式对特定问题调查委员会的组织条件、人员配置、开展要求等作了明确规定。《地方组织法》[③] 中也规定县级以上人大及其常委会认为职权范围内的事项需要进一步调查的,可组织特定问题调查委员会。《预算法》[④] 中规定县级以上各级人大及其常委会有权就预决算中的重大事项或者特定问题组织调查。

专题询问与特定问题调查之间也同样存在共性与差异。从共性上来说,专题询问中也有针对某个询问主题的专门调查,兼具同一调查环节。从差异上来说,首先是二者之间的设置性质不同。专题询问中的专题调查只是询问环节中的一项工作流程,而特定问题调查是完完整整的一项人大法定监督形式。其次是二者之间的设置形式不同。特

---

① 参见《中华人民共和国宪法》第七十一条。
② 参见《中华人民共和国各级人民代表大会常务委员会监督法》第七章特定问题调查。
③ 参见《中华人民共和国地方各级人民代表大会和地方各级人民政府组织法》第三十一条、第五十二条。
④ 参见《中华人民共和国预算法》第八十四条。

定问题调查的组成人员具有临时组建的特点，调查完成即告解散。而专题询问的询问主体则是人大常设机构的组成人员，不存在解散一说。再次是二者之间的调查内容不同。如前所述，专题询问中的调查内容是与询问事实相关的各类情况。而特定问题调查的内容主要涉及"一府一委两院"工作、行政人员渎职行为或者是社会影响重大的具体事件。最后是二者之间的调查结果不同。专题询问中的专题调查是为了更深入地了解询问事实而预先开展的调查活动，目的是确保询问过程问到重点、问到要害，确保询问结果真实有效。而特定问题调查是为了查清特定问题而依法开展调查活动、形成调查报告的行为活动，往往会对被调查对象产生不利的法律后果。

（四）人大专题询问的意义

第一，有助于创新人大监督方式。询问是《监督法》赋予人大及其常委会的7种监督形式之一，是一项重要的监督权力。而具备更强的公开性、针对性、互动性、时效性的专题询问则是对传统询问的进一步创新和发展，它对于新时代提升"一府一委两院"依法行政和公正司法具有重要意义。传统询问虽然是一种极为有效的监督形式，但实际运作面较窄、主体认知度较低，往往不能放开手脚大干一场。而专题询问作为新时代为强化监督效能，提高监督时效性的监督手段，在议题选择、对象明确、程序规范、跟踪督办、整改落实等方面都赋予了新的内涵，比一般意义上的询问有了创新和发展，为人大充分发挥监督权的作用带来新的思路。"可以说，这一新的监督形式的运用，是把党的有关创新精神落到实处的具体体现，也是自觉把继续解放思想、与时俱进的要求贯穿到人大工作各个环节的生动实践，必将进一步增强各地开展人大工作创新的自觉性和责任感。"①

第二，有助于提升政府治理能力。按《监督法》的相关规定，询问是各地方人大常委会组成人员的一种重要监督形式。于各地有

---

① 《专题询问初探》，中国人大网（http://www.npc.gov.cn/npc/c7266/201205/acd1d7ddbda04a9f815301abc228771f.shtml），2012年5月7日。

关被询问的政府部门而言，回答释疑是其重视民意、自觉接受监督的体现。同时，这也是一项政治性的义务，各部门应针对问题进行认真回应，展现出民众期待的接受监督的姿态。在询问开展的过程中，组成人员也应当在反映人民群众对于某项工作的意见后仔细聆听受询工作机关代表的回答，同时也应尽可能提供建设性的意见方案，为地方政府及其组成部门、人民法院、人民检察院的工作贡献自己的力量。此外，也应及时与有关政府部门的领导或负责人沟通交流，妥善处理好社会性的事件，积极稳妥地推进地方政府及其组成部门、人民法院、人民检察院的工作，加强监督的有效性。最后在专题询问结束时，亦可设置专门的监督机制对被询问人的答复和意见进行监督，从而提高地方机关的履职完成度，促使其更好地依法行政、积极地依法行政。

第三，有助于增强监督的针对性。一方面，针对询问的问题，人大会通过事前精心准备、先行调研，对"问什么、怎么问、怎么改、达到什么样的预期效果等进行反复的科学论证和预测评估"[1]。不再是走走过场敷衍几句，极大地增强了人大监督的针对性。另一方面，专题询问的现场直击社会热点，直指时弊，直接要求应询者就人民群众关心关切的社会民生问题、热难点问题进行公开的答疑解惑。"这既公开表明了人大监督的法定性和权威性，也充分展示了一府两院接受人大监督的自觉性和坚定性。"[2] 这些都从侧面反映出监督力度的加强，能够有效增强监督的主动性、纠偏性和约束力，成为促进地方政府及其组成部门、人民法院、人民检察院依法行政、公正司法的有力有效监督行动。

三 专题询问的法律和工作机制

鉴于人大权力行使的法定性、规范性和程序性，专题询问的法

---

[1] 张文政、李早德：《专题询问初探》，《楚天主人》2012年第3期。
[2] 张文政、李早德：《专题询问初探》，《楚天主人》2012年第3期。

律依据和运作机制就显得尤为重要。实际上，专题询问作为传统询问的创新与发展，并没有属于自己的明确法律规定和运作模式。但其行使监督权的场域依然在宪法规定的法律范围之内，询问内容、询问主客体、构成要件、运作程序等也完全符合我国的政治体制和权力运行机制。它是"人大法定监督权的又一种外化载体，是各级人大常委会在现有法律框架内的创新性探索"[①]。

（一）专题询问的法律保障

法律保障是各项权力得到有效行使与实现的结构性条件。人大常委会要通过专题询问的方式对政府、法院与检察院的执法行为进行监督，必须要有相应法律的保障。纵观中国特色社会主义法律体系，对专题询问作出法律保障的法律体系，可以从以下对"询问权"的规定中探寻专题询问的法律保障。

1. 宪法

尽管我国现行宪法并未明确规定人大询问制度，但作为根本法、最高法与基本准则法，《宪法》明确规定：全国人民代表大会常务委员会组成人员对"一府一委两院"有监督的权力。如《宪法》第七十三条[②]，从该条文的立法宗旨或目的可以看出，《宪法》对于全国人民代表大会常务委员会组成人员在常务委员会开会期间，对"一府一委两院"的监督是法定权力，但监督的方式不是静态与单一的，是随着经济社会等发展的现实需要，创立合理多元的监督方式，以更好激活人大的法定监督权力，如专题询问等。这也是全国人大组织法和地方各级人大组织法、人大常委会监督法、人大及常委会议事规则、单行法、全国人大常委会办公厅《关于改进完善专题询问工作的若干意见》等法律规范，创设"专题询问"监督方式的宪法基础，即这些立法都是为

---

① 李云刚：《谈专题询问的法律定位问题》，《山东人大工作》2014年第6期。
② 《中华人民共和国宪法》第七十三条规定：全国人大代表在全国人大开会期间，全国人大常委会代表在全国人大常委会开会期间，有权依照法律规定的程序提出对国务院或者国务院各部、各委员会的质询案。受质询的机关必须负责答复。

促进与保障人大监督权更好地发挥作用,提高监督效果,而对宪法赋予监督权的具体化。

2. 人大组织法和监督法

《中华人民共和国全国人民代表大会组织法》第十七条规定:"在全国人民代表大会审议议案的时候,代表可以向有关国家机关提出询问,由有关机关派人在代表小组或者代表团会议上进行说明。"该条文从法律层面直接规定了"询问"的监督方式,为专题询问制度的起源与发展提供了规范依据。在地方各级人大常委会组织法方面,《中华人民共和国地方各级人民代表大会和地方各级人民政府组织法》第二十九条规定:"在地方各级人大审议议案时,代表可向有关地方国家机关提出询问,由有关机关派人说明。"[1]该条文明确赋予了地方各级人大询问的监督权力。

《中华人民共和国各级人民代表大会常务委员会监督法》在第六章"询问和质询"中明确规定了"询问"的监督方式,即第三十四条规定:"各级人民代表大会常务委员会审议议案和报告时,本级人民政府或者有关部门、人民法院或者人民检察院应当派有关负责人到会,听取意见,回答询问。"同时,该法第九章附则第四十七条中还赋予了省、自治区、直辖市的人民代表大会常务委员会监督专门立法的权力。据此,截至2021年8月底,从2007年4月至今共有19个省级人大常委会制定了《实施〈中华人民共和国各级人民代表大会常务委员会监督法〉办法》[2],分别是河北省、山西省、辽宁省、吉林省、黑龙江省、福建省、江西省、河南省、湖北省、海南省、重庆市、四川省、云南省、西藏自治区、陕西省、甘肃省、青海省、广东省、新疆维吾尔自治区。

3. 人大及常委会议事规则

《全国人大常委会议事规则》第二十五条规定:"常务委员会分组会议对议案或者有关的工作报告进行审议的时候,应当通知有

---

[1] 1982年12月10日第五届全国人民代表大会第五次会议,《关于修改〈中华人民共和国地方各级人民代表大会和地方各级人民政府组织法〉的若干规定的决议》。

[2] 资料来源于全国人大法律法规数据、国务院法律法规数据库、北大法宝等。

关部门派人到会,听取意见,回答询问。常务委员会联组会议对议案或者有关的工作报告进行审议的时候,应当通知有关负责人到会,听取意见,回答询问。"该规则明确界定了全国人大常委会不同会议形式中的"询问"规定。

4. 单行法

单行法作为规范某特别领域或事项的法律规范,也会涉及一些询问。《中华人民共和国全国人民代表大会和地方各级人民代表大会代表法》第十三条规定:"代表在审议议案和报告时,可以向本级有关国家机关提出询问。有关国家机关应当派负责人或者负责人员回答询问。"《中华人民共和国预算法》第八十五条规定:"各级人民代表大会和县级以上各级人民代表大会常务委员会举行会议时,人民代表大会代表或者常务委员会组成人员,依照法律规定程序就预算、决算中的有关问题提出询问或者质询,受询问或者受质询的有关的政府或者财政部门必须及时给予答复。"《中华人民共和国立法法》第十八条规定:"列入全国人民代表大会会议议程的法律案,大会全体会议听取提案人的说明后,由各代表团进行审议。各代表团审议法律案时,提案人应当派人听取意见,回答询问。各代表团审议法律案时,根据代表团的要求,有关机关、组织应当派人介绍情况。"第三十一条规定:"常务委员会分组会议审议法律案时,提案人应当派人听取意见,回答询问。常务委员会分组会议审议法律案时,根据小组的要求,有关机关、组织应当派人介绍情况。"第六十四条规定:"全国人民代表大会常务委员会工作机构可以对有关具体问题的法律询问进行研究予以答复,并报常务委员会备案。"《中华人民共和国监察法》第五十三条规定:"各级监察委员会应当接受本级人民代表大会及其常务委员会的监督。各级人民代表大会常务委员会听取和审议本级监察委员会的专项工作报告,组织执法检查。县级以上各级人民代表大会及其常务委员会举行会议时,人民代表大会代表或者常务委员会组成人员可以依照法律规定的程序,就监察工作中的有关问题提出询问或者质询。"

5. 全国人大常委会办公厅《关于改进完善专题询问工作的若干意见》

询问既是人大及其常委会行使职权的法定方式,还是人大行使监督权的一种形式。依法认真开展询问工作,对于进一步激发人大监督制度和议事制度效能的发挥有着极大的作用。同时,为深入贯彻党的十八届三中、四中全会精神,认真落实中央全面深化改革和全面推进依法治国的部署和要求,充分发挥人大专题询问在监督工作中的独特作用,增强人大监督的实效性和针对性,推动人民代表大会制度与时俱进。全国人大常委会在深入开展调研,认真分析论证,广泛征求人大代表、国务院有关部门、地方人大以及有关新闻媒体意见基础上,结合工作实际,于2015年4月出台了《关于改进完善专题询问工作的若干意见》。该意见从七个方面对专题询问工作的改进和完善提出了针对性意见:"围绕中心工作,回应社会关切,增强询问选题的针对性和时效性;认真做好专题询问的前期准备工作,确保专题询问扎实深入进行;切实做好国务院副总理、国务委员等有关领导同志到会作专项工作报告、听取审议意见、回答询问的组织服务工作;充分发挥常委会组成人员在专题询问中的主体和主导作用,提高问答质量;强化对审议意见的整改落实,健全督办问责机制;牢固把握舆论导向,积极拓展新闻宣传的广度和深度;积极推进专题询问的规范化、机制化,推动人大工作与时俱进。"[①]

(二)专题询问的工作机制

专题询问的成功开展需要通过有机联系和有效运转的工作程序与规则来配合,这种程序与规则指的就是专题询问的工作机制。专题询问的工作机制是人大常委会监督功能有效发挥的运作机理及运作模式,贯穿专题询问工作的整个环节。而厘清人大常委会发挥监

---

① 《全国人大常委会有关负责人谈〈关于改进完善专题询问工作的若干意见〉》,中国政府网(http://www.gov.cn/xinwen/2015-04/09/content_2844296.htm),2015年4月9日。

督功能的工作机制,就是要深入挖掘人大常委会内部组织专题询问的工作方式以及其在一定外部环境条件下与其他行政主体、社会力量之间联系互动的规则和原理。下面将围绕专题询问的运行机制和运作程序来探究其工作机制。

1. 专题询问的运行机制

专题询问的出现是新时期人大监督的重要创举,也是中国政治体制优越性的重要体现。新时期人大常委会专题询问实践的运作机制,体现的是人大与政府、社会力量之间的三维互动模式。

(1) 依托政府资源,推进协同互促。在党委领导下,立法机关人大与行政机关政府之间是协同共生的关系,专题询问的出现就是人大与政府之间为推进国家治理而进行的沟通与协作,并非简单地对抗。因此,专题询问的开展过程体现出的是人大与政府之间的互动协作过程,是二者之间发挥各自优势合力推进治理目标的过程,明显展现了新时期人大的监督责任和政府的使命担当。以2010年全国人大常委会首次专题询问为例,从询问活动开始前就活动形式、询问议题等的意见交换,到会后就改进情况的跟踪督办,人大与国务院相关部门之间均保持着密切的联系与沟通。

(2) 对接信息资源,提升监督效能。通过互联网媒介的介入来增强询问的公开性、真实性、透明性和影响力亦是人大开展专题询问的重要机制。一方面,为了保证专题询问的开展效果,人大常委会会提前与机构相关的办公厅联络局、新闻局、信访局、信息中心或者其他社会新闻机构、研究机构进行沟通交流,对相关议题的研究背景、发展现状、社会舆情等进行沟通分析。另一方面,在询问活动开展过程中,会邀请相关的广播媒体以网络直播或现场报道的形式进行宣传解说,直接将询问过程展现于社会监督之下,扩大了专题询问的社会影响力。

(3) 连接社会资源,共建共治共享。不论是全国人大《关于改进完善专题询问工作的若干意见》,还是各省市人大常委会出台的专题询问相关实施办法中,均要求相关政府、部门、单位和个人应就询问议题如实反映情况和提供必要的材料。在此背景下,人大专题询问活动的开展就与相关社会力量息息相关。一方面，询问议题多源于人民群众反映强烈的热点难点问题，所以议题的精准选择聚焦于社会需求中。另一方面，专题询问过程中的特殊专题调查需要相关社会力量的配合，所以议题的顺利开展还需要社会力量的帮助。因此，专题询问工作的开展除了机构内部各部门之间的协调共促，还需要一定社会力量的介入和帮助。简单的一问一答背后，隐含的是多元主体的付出和努力。

2. 专题询问的运作程序

开展专题询问，对于各级人大常委会来说都是一种较新的监督形式，至今尚无一套既定的程序模式。但通过分析历年全国人大常委会的专题询问实践并综合各省市的经验做法，可以从三个阶段具体探讨专题询问的运作程序。

（1）专题询问前期——组织策划调研阶段。专题询问前期工作包括询问议题的精心挑选、调查研究的精心组织、实施方案的精心制定等部分。

在各省召开专题询问以前，人大常委会办公厅秘书处会提前向专门委员会、人大常委会专门机构和办事机构发出通知，征求下一次常委会监督工作计划议题建议。议题建议的提出需要包含议题名称、选题缘由、议题重点、活动安排等具体内容。一般来说，议题建议的确定遵循着"三个围绕"和"四个步骤"的规律。首先是议题选择始终坚持"三个围绕"：围绕关乎国家以及地方经济社会发展的重要决策部署进行选题；围绕"一府一委两院"工作实际以及工作人员工作表现进行选题；围绕人民群众反映的社会热点、难点问题进行选题。其次，议题的确定需要经过"四个步骤"：第一，根据各部门提出的议题建议，通过调研取证，确定备选议题；第二，通过民主讨论和科学论证，确定重点议题；第三，征求党委和"一府一委两院"意见，营造和谐询问环境；第四，通过集体决策最终确定询问议题，并向社会公告。

专题询问议题一经确定，人大常委会就需在已征集的各方面意见的基础上制定详细的实施方案。可以说，专题询问实施方案的精心制定是确保专题询问活动如期开展和有序进行的关键。在制定实施方案时，需要保证其科学性和可行性，将询问的时间、内容、主客体、流程、分工等融入其中。实施方案制定后又由人大常委会主任会议进行讨论，通过后应及时印发至"一府一委两院"及其相关部门，以便提前做好相关准备工作和按时参加有关活动。

（2）专题询问中期——询问应询阶段。专题询问一般安排在常委会会议召开期间，人大常委会组成人员首先听取和审议"一府一委两院"专项报告或执法检查报告，再集中就某一议题进行专题询问。询问以"一问一答"的形式进行，有计划地就询问议题对"一府一委两院"展开询问，会后由人大常委会领导进行总结性发言。必要时人大常委会还会就相关专项工作作出决议或建议。整个专题询问的时间一般是三个小时以内（以多数情况为例），其中每个问题的问答时间一般为20分钟。而具体到专题询问的会议形式（多为联组会议）、主持人选择、会场布置、会议服务等安排，各层级人大都有各自的特色，并无统一要求。

（3）专题询问后期——督办落实阶段。专题询问的真正目的不是在于询问，而是在于询问意见的落实。因此，专题询问结束之后，"一府一委两院"需要结合决议、决定、询问意见进行整改落实，人大常委会需要对其整改情况进行检查督办。同时，常委会收到"一府一委两院"的整改情况报告后，需要交相关部门进行审查，并将审查结果以书面文档的形式报主任会议。其中若有整改不到位的情况，通过召开主任会议，责成相关部门进一步整改落实。

专题询问是对传统询问的创新和发展，它是新时期人大践行创新精神的具体体现，是自觉把与时俱进要求贯穿于人大监督工作的生动实践。它正在以独特的监督优势，为新时期人大监督工作带去生机与活力，同时也越来越受到各级人大的推崇和青睐，是当前人大监督工作的重要探索和有效尝试。

第四章　人民代表大会专题询问监督的现状

自 2010 年全国人大首次开展专题询问以来，地方各级人大结合自身实际广泛开展了专题询问。据统计，目前全国已有 20 多个省级人大常委会开展专题询问[①]，不少市、县级人大常委会也开始积极尝试。同时，为了推动专题询问的开展，省、市、县各级地方人大常委会相继出台了有关专题询问的地方性法规，保障了专题询问有法可依、有章可循。当然，专题询问的开展和推进还存在一些局限，如刚性不足、监督效果难测、适用性相对有限等问题。但各地众多专题询问实践中，仍有较多推进政府改进工作的成功案例。因此，纵观当前人民代表大会专题询问监督的现状可以看出，专题询问不仅是全国人大常委会推动落实中央重大决策的有力举措，还是"地方人大加强新时期监督工作的热门话题和普遍看好的重要监督手段"[②]。

一　全国人大常委会专题询问统计与案例

（一）专题询问相关数据统计

从 2010 年起，全国人大常委会每年都会选取若干个涉及重大国计民生、人民群众比较关注的话题进行专题询问。截至 2021 年底，

[①] 数据来源：国家法律法规数据库、北大法宝等。
[②] 王群：《地方人大开展专题询问之我见》，《人大研究》2011 年第 2 期。

◇ 专题询问 人大监督新路径 ◇

全国人大常委会已开展了35次专题询问,按年度统计分别是:2010年开展了3次专题询问,2011年开展了3次专题询问,2012年开展了3次专题询问,2013年开展了3次专题询问,2014年开展了3次专题询问,2015年开展了3次专题询问,2016年开展了4次专题询问,2017年开展了4次专题询问,2018年开展了3次专题询问,2019年开展了2次专题询问,2020年开展了2次专题询问,2021年开展了2次专题询问(见图4-1)。①

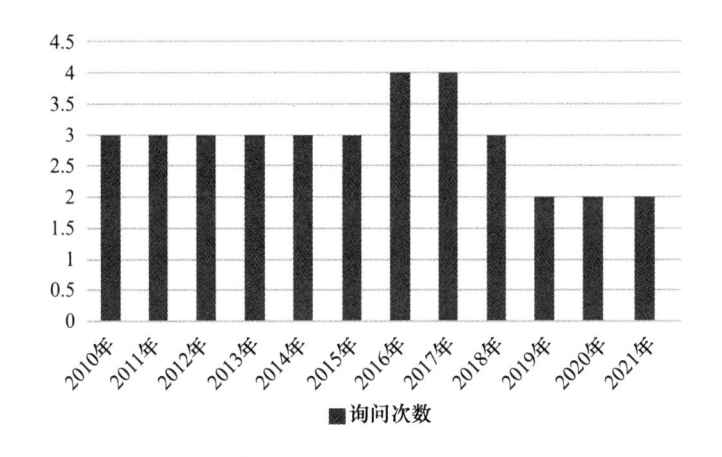

图4-1 2010年至2021年全国人大常委会开展专题询问情况

通过近十年的全国人大专题询问实践可知,专题询问的内容主要涵盖教育改革、财政决算、保障性住房建设等方面的问题,询问方式主要采取联组会议和分组会议等形式。整个询问过程中,常委会组成人员通过前期的深入调研、精心准备,提出更具深度和有针对性的问题,国务院有关部门负责人认真听取意见,如实回答问题。历次询问中应询的都是副部级以上官员,如发改委主任张平、财政部部长谢旭人、卫生部部长陈竺、教育部部长袁贵仁等。中央主要媒体现场报道,产生了积极的社会反响。经过多

---

① 参见《全国人民代表大会常务委员会工作报告》(2010—2021年)。

年实践，专题询问逐步机制化、规范化，极大地促进了有关方面工作的改进（见表4-1）。

表4-1　　　　全国人大35次专题询问情况统计表

序号	询问时间	询问形式	询问主题	询问部门
1	2010年6月24日	分组会议	2009年中央决算报告	财政部、审计署
2	2010年8月27日	联组会议	粮食安全	国家发展和改革委员会、财政部、国土资源部、水利部、农业部、中国人民银行、银监会、保监会、国家粮食局
3	2010年12月24日	联组会议	医药卫生体制改革	发改委、财政部、卫生部、人社部
4	2011年6月28日	分组会议	2010年中央决算报告	财政部、审计署
5	2011年10月27日	联组会议	保障房建设和管理	住房和城乡建设部、国家发展和改革委员会、财政部、国土资源部、中国人民银行、银监会
6	2011年12月30日	联组会议	国务院实施《国家中长期教育改革和发展规划纲要》情况	教育部、国家发展和改革委员会、科技部、公安部、财政部
7	2012年4月26日	联组会议	农田水利建设	水利部、国家发展和改革委员会、财政部、农业部等
8	2012年6月29日	联组会议	饮用水安全	国家发展和改革委员会、科技部、财政部、国土资源部、环保部等十部委
9	2012年10月25日	分组会议	国务院关于国有企业改革与发展工作情况	国家发展和改革委员会、财政部、国务院国有资产监督委员会

续表

序号	询问时间	询问形式	询问主题	询问部门
10	2013年8月29日	联组会议	传染病防治工作和传染病防治法实施情况	国家卫生计生委、国家发展和改革委员会、教育部、民政部、财政部、人力资源和社会保障部、水利部、农业部、工商总局、质检总局、新闻出版广电总局、食品药品监管总局
11	2013年10月24日	联组会议	国家财政科技资金分配与使用	科技部、工业和信息化部、财政部、国家发展和改革委员会、教育部、人力资源和社会保障部、自然资源基金会
12	2013年12月27日	联组会议	农村扶贫开发	国务院扶贫办、国家发展和改革委员会、教育部、民政部、财政部、农业部、卫生计生委、人民银行
13	2014年8月30日	联组会议	深化行政审批制度改革加快政府职能转变情况	国务院、国家发展和改革委员会、工业和信息化部、民政部、财政部、人力资源和社会保障部、国土资源部、环境保护部、住房和城乡建设部、商务部、工商总局、质检总局、国务院法制办、银监会
14	2014年12月27日	分组会议	关于推进新农村建设工作情况	农业部、国家发展和改革委员会、民政部、财政部、环境保护部、住房和城乡建设部、中国人民银行

第四章 人民代表大会专题询问监督的现状

续表

序号	询问时间	询问形式	询问主题	询问部门
15	2014年12月28日	联组会议	关于统筹推进城乡社会保障体系建设工作	国务院、国家发展和改革委员会、民政部、财政部、人力资源和社会保障部、卫生计生委、社保基金会、中央编办
16	2015年6月30日	联组会议	关于检查职业教育法实施情况	教育部、人力资源和社会保障部、国家发展和改革委员会、工业和信息化部、财政部、国务院国有资产监督管理委员会
17	2015年8月29日	联组会议	关于检查水污染防治法实施情况	水利部、环境保护部、工业和信息化部、科技部、农业部、财政部、国土资源部、国家发展和改革委员会、住房和城乡建设部
18	2015年12月26日	联组会议	关于2014年度中央预算执行和其他财政收支审计查出问题整改情况	国务院委托审计署、国家发展和改革委员会、民政部、财政部、国家卫计委、国家体育总局、中科院
19	2016年11月3日	分组会议	关于检查环境保护法实施情况	环境保护部、农业部、国家发展和改革委员会、财政部、国土资源部、住房和城乡建设部
20	2016年11月4日	联组会议	关于检查环境保护法实施情况	环境保护部、农业部、国家发展和改革委员会、财政部、国土资源部、住房和城乡建设部
21	2016年12月22日	分组会议	关于检查安全生产法实施情况的报告、关于检查道路交通安全法实施情况	国家安全监管总局、住房和城乡建设部、农业部、国家质检总局、交通运输部、公安部、工业和信息化部

续表

序号	询问时间	询问形式	询问主题	询问部门
22	2016年12月24日	联组会议	关于检查安全生产法实施情况、关于检查道路交通安全法实施情况	国家安全监管总局、住房和城乡建设部、农业部、国家质检总局、交通运输部、公安部、工业和信息化部、国家工商总局
23	2017年6月23日	分组会议	关于检查产品质量法实施情况	国家发展和改革委员会、商务部、国家质检总局、国家工商总局、公安部
24	2017年6月24日	联组会议	关于检查产品质量法实施情况	财经委、国家质检总局、工业和信息化部、商务部、公安部、国家工商总局、国家发展和改革委员会
25	2017年8月30日	联组会议	关于脱贫攻坚工作情况	国务院、全国人大农业与农村委员会、农业部、国务院扶贫开发领导小组办公室、教育部
26	2017年11月2日	联组会议	关于检查固体废物污染环境防治法实施情况	住房和城乡建设部、商务部、国家发展和改革委员会、财政部
27	2018年7月10日	联组会议	关于检查大气污染防治法实施情况	交通运输部、国家市场监督管理总局、工业和信息化部、生态环境部、国家发展和改革委员会、司法部、最高人民法院、最高人民检察院
28	2018年10月25日	联组会议	"两高"专项	最高人民法院、最高人民检察院、公安部、司法部、财政部
29	2018年12月29日	联组会议	关于财政医疗卫生资金分配和使用情况	国务院、财政部、国家发展和改革委员会、国家卫生健康委、医保局、中医药局、药监局

续表

序号	询问时间	询问形式	询问主题	询问部门
30	2019年8月25日	联组会议	关于检查《中华人民共和国水污染防治法》实施情况	国家发展和改革委员会、生态环境部、科技部、工业和信息化部、财政部、住房和城乡建设部、交通运输部、水利部、农业农村部、国家卫生健康委
31	2019年10月25日	联组会议	关于开展公益诉讼检察工作情况	最高人民检察院、自然资源部、生态环境部、水利部、市场监管总局
32	2020年10月17日	联组会议	《中华人民共和国土壤污染防治法》实施情况	全国政协、国家发展和改革委员会、国务院、生态环境部、科技部、财政部、自然资源部、住房和城乡建设部、农业农村部
33	2020年12月26日	联组会议	国务院关于2019年度中央预算执行和其他财政收支审计查出问题整改情况	国家知识产权局、国家自然科学基金委、人力资源和社会保障部、住房和城乡建设部、国务院国资委、审计署
34	2021年6月9日	联组会议	建设现代交通运输体系	国务院、国家发展和改革委员会、财政部、自然资源部、商务部、国家铁路局、中国民航局
35	2021年10月22日	联组会议	《固体废物污染环境防治法》实施情况	国务院、生态环境部、国家发展和改革委员会、住房和城乡建设部、工业和信息化部、商务部、农业农村部、国家卫生健康委、国家邮政局、最高人民法院、最高人民检察院

(二) 专题询问开展的基本特点

综合分析，近年全国人大开展的专题询问呈现出以下特点。

1. 重点突出

2010年至2021年，全国人大常委会在询问的选题方面可谓是重点突出。从图4-2可明确看出教科文卫体和社会法制类所占比重为57%，比例最大。而在这57%中，又以医药卫生类和法律实施类居多。其次，财政类和工程建设类所占份额相近，其中工程建设类又以"三农"建设居多。再者，对于粮食安全、饮用水安全、行政审批制度等其他议题也曾伴随所在年度的重要治理方向而有指向性地出现在专题询问之中。

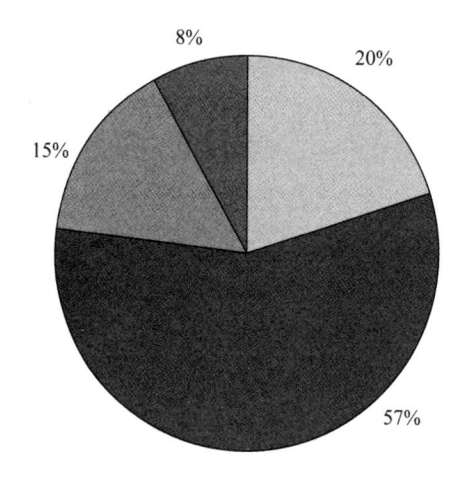

图4-2　2010—2021年全国人大常委会专题询问主体分布图

资料来源：2010—2021年历年《全国人民代表大会常务委员会工作报告》。

2. 关注社会热点

从询问主题来看，全国人大常委会专题询问涉及改革发展稳定大局或者社会普遍关注，关乎人民群众切身利益的重大问题。其中主要体现在民生方面。"三农"问题可谓是近几年专题询问的重中之重，包括农村扶贫、新农村建设、农田水利建设，等等。其次，便是当下社会最热的食品安全、医疗卫生、生态环保、交通运输等问题。如2021年6月全国人大专门召开联组会议就建设现代综合交通运输体系有关工作情况进行专题询问（详见附件一），对新时期加快建设交通强国提供了重要助力。

3. **频度稳定**

近年来全国人大常委会开展专题询问情况从表4-1可以看出，近几年来专题询问开展的频率很稳定，基本上是按照每年三次的频度。而且，每两次专题询问开展的间隔时间安排比较合理。同时又能结合实际情况以及当时所需，有计划有组织地进行。不会因为频度过密加大人大监督负担，也不会因为频度过松降低监督效能。

4. **严格遵循相关制度**

"制度的生命力在于执行"，将制度优势更好地转化为监督效能，保障制度执行是关键。各级人大常委会在开展专题询问时，严格遵循《全国人民代表大会组织法》《地方组织法》《监督法》《关于改进完善专题询问工作的若干意见》等相关制度，秉承着合法性、合理性、必要性、公开性等原则，使得每次专题询问都顺利地开展。所以，各级人大始终坚持党的领导、人民当家作主和依法治国的有机统一，依法依规地开展专题询问工作。

（三）全国人大专题询问典型案例

2010年是专题询问的开局之年，《全国人大常委会专题询问农村扶贫开发工作情况》便是专题询问实践的成功范例之一。

2010年6月27日上午，十二届全国人大常委会第六次会议在人民大会堂举行联组会议，就国务院关于农村扶贫开发工作情况的报告进行专题询问。此次询问认真贯彻落实《中国农村扶贫开发纲要（2011—2020年）》和中央扶贫开发工作会议精神，既肯定农村扶贫开发工作取得了新进展，也指出制约贫困地区发展的深层次矛盾依然存在。

专题询问中，11位委员首先就有效缩小区域发展差距、阻止贫困代际传递、建设扶贫队伍等精准扶贫问题、精准脱贫问题发表意见、提出询问，并多次追问。他们提出的问题抓住了主要矛盾，有深度、有质量。受国务院委托的扶贫办、发改委、民政部、农业部、教育部、财政部、卫计委、人民银行等九个部门的相关负责同志到会听取意见,认真回答询问。专题询问有问有答,交流充分,气氛热烈。提问与回答有来有往,会议充满了民主、热烈的气氛。

通过这次专题询问可以看出,全国人大常委会从选题到询问后的跟踪监督,都严格按照一定的规章制度。议题涉及经济民生领域,为公众普遍关注的热点难点;形式上分别尝试了分组、联组、大联组等会议形式;专题询问过后向媒体公开;询问对象不断扩大,由单一的财政部逐步扩展到发改委、水利部等多个部委,范围更广,影响力也更大。

二 地方各级人大常委会的专题询问基本情况与案例

(一)地方专题询问相关数据统计

2010年6月全国人大常委会就《国务院关于农村扶贫开发工作情况的报告》进行首次专题询问后,这一创举在全国形成"燎原"之势,"四处开花":在全国人大常委会开展专题询问后不到两个月,上海市人大常委会就针对世博会后城市管理长效机制建设情况进行了专题询问,开了地方省级人大常委会专题询问的先河。之后,湖北、安徽等省级人大常委会分别针对农村饮水安全工作、医药卫生体制改革工作等议题开展了专题询问,而部分省级人大常委会尚处于学习酝酿之中。据不完全统计①(见表4-2),目前全国省级人大和四个直辖市人大常委会至少已开展专题询问393次。

从年份上来看,2010年全国人大首次专题询问后,同年有3个省份1个直辖市相继开展了4次专题询问。2011年共有20个省份(含自治区和2个直辖市)开展了29次专题询问。2012年,有19个省份和3个直辖市开展了28次专题询问。2013年有15个省份和4个直辖市开展了26次专题询问。2014年有26个省4个直辖市开

---

① 数据来源于各省级人大常委会工作报告和相关网站。

展了 51 次专题询问。2015 年有 24 个省份和 4 个直辖市开展了 39 次专题询问。2016 年有 25 个省份和 4 个直辖市开展了 37 次专题询问。2017 年有 20 个省份 4 个直辖市开展了 35 次专题询问。2018 年有 22 个省份和 4 个直辖市开展了 43 次专题询问。2019 年有 25 个省份和 4 个直辖市开展了 55 次专题询问。2020 年有 23 个省份 3 个直辖市开展了 46 次专题询问。

从开展频率来看，平均每个省份开展了 13 次专题询问。其中陕西省开展次数最多，为 21 次。广西壮族自治区开展次数最少，为 8 次。而每年开展专题询问次数是 1 次到 4 次，其中 1 次和 2 次的最多。

表 4-2 2010—2020 年我国省级人大、直辖市人大、自治区人大专题询问次数一览表

	2010	2011	2012	2013	2014	2015	2016	2017	2018	2019	2020	总计
北京	0	0	1	1	1	1	1	1	2	2	3	13
上海	1	2	1	1	1	1	1	1	1	1	1	12
天津	0	0	0	1	2	1	1	1	1	4	0	11
重庆	0	1	1	1	1	1	3	1	1	2	1	13
河北	0	0	0	1	2	1	0	0	3	2	3	12
山西	0	1	1	1	1	1	1	1	1	1	1	10
吉林	0	0	0	0	1	1	1	1	2	2	1	9
辽宁	0	0	1	3	4	2	2	1	1	3	2	19
黑龙江	0	1	1	0	1	1	1	1	0	1	1	8
陕西	0	1	1	2	2	2	2	2	3	3	3	21
甘肃	0	1	1	0	1	1	1	1	0	1	1	8
青海	0	0	1	2	1	1	1	1	1	1	1	10
山东	0	0	0	0	1	1	2	3	3	3	3	16
福建	0	1	1	0	2	1	1	2	2	1	0	11

续表

	2010	2011	2012	2013	2014	2015	2016	2017	2018	2019	2020	总计
浙江	0	1	1	1	2	1	0	0	0	2	0	8
湖南	0	3	2	0	1	1	1	1	1	1	2	13
河南	0	1	1	2	2	1	1	1	1	2	2	14
湖北	2	1	0	0	3	1	1	0	0	0	1	9
江西	0	1	1	1	3	1	1	0	0	1	1	10
江苏	0	1	1	1	2	2	2	2	3	3	1	18
安徽	1	2	3	2	2	2	1	1	1	2	2	19
广东	0	1	2	1	1	1	1	1	1	2	1	12
海南	0	1	2	1	2	1	1	2	3	3	2	18
四川	0	0	0	0	2	3	1	2	1	0	0	9
贵州	0	1	1	1	1	3	2	1	1	2	2	15
云南	0	1	1	1	0	0	1	3	3	3	3	16
内蒙古	0	0	0	0	2	2	3	2	3	2	2	16
新疆	0	1	0	0	1	0	1	0	1	2	3	9
宁夏	0	2	1	2	2	2	1	0	1	2	0	13
广西	0	1	0	0	1	0	1	2	1	1	1	8
西藏	0	3	2	0	2	1	1	0	1	1	2	13
总计	4	29	28	26	51	39	37	35	43	55	46	393

从议题上来看，议题选择受到地域因素、经济因素、民生发展等因素的影响，各省呈现不同的特征。下面以2011年和2012年省级（含自治区和直辖市）专题询问议题为例进行说明。2011年，重庆、山西、湖南、湖北、安徽、黑龙江等省级人大常委会针对住房保障等26项议题开展了专题询问。比如，重庆人大常委会对"两翼"农户万元增收工程的实施情况向政府有关部门进行了专题

询问；山西对城市和农村最低生活保障工作开展专题询问；湖南对食品安全法实施情况以及人民法院、人民检察院队伍建设、公正司法情况进行专题询问；湖北对保障型住房建设情况进行了专题询问；安徽对全省水利改革发展情况进行了专题询问；黑龙江对省本级财政决算报告的有关问题进行了专题询问。"2011年各地已开展的26项专题询问中，住房保障类8项，占31%；生态环境类5项，占19%；食品药品安全类4项，占15%；财政经济类4项，占15%；其他5项，占19%。"[1]

2012年，北京、重庆、广东、浙江、西藏等人大常委会安排专题询问项目30项。比如，北京开展对市级大额专项资金的使用和管理情况的专题询问；重庆对主城区城市环境综合整治情况进行专题询问；广东围绕农村低收入住房困难户住房改造工程建设情况和不具备生产生活条件贫困村庄搬迁移民工程建设情况开展专题询问；浙江开展对食品安全法律法规执行情况的专题询问；西藏对保障性住房建设和就业再就业工作情况进行专题询问。在各地开展的专题询问中，"住房保障类7项，占23%；生态环境类6项，占20%；财政经济类5项，占17%；食品药品安全类2项，占7%；其他类10项，占33%"[2]。

同时，议题选择还会受到本年度全国人大议题的影响。如2017年全国人大常委会就脱贫攻坚工作情况开展专题询问，之后湖南省、海南省等亦在该年内分别就《湖南省农村扶贫开发条例》实施情况、海南省脱贫攻坚工作情况开展了专题询问。

（二）安徽地方专题询问工作开展情况

专题询问无《宪法》依据，在现行《宪法》中地位不明确。虽然在《监督法》中有条款对"询问"作了表述，但"专题询问"

---

[1] 李尚坤：《近期全国省级人大常委会开展专题询问情况扫描》，《人大研究》2012年第7期。

[2] 李尚坤：《近期全国省级人大常委会开展专题询问情况扫描》，《人大研究》2012年第7期。

作为"询问"的衍生和创新，在《监督法》中并无表述。为此，云南、河北、海南等省人大常委会在制定监督法实施办法中，首次将专题询问明确其中。① 必须注意的是，目前安徽已经制定了《安徽省人民代表大会常务委员会专题询问办法》。在地方各级人大专题询问工作中，安徽省是紧随中央的步伐，在遵循中央实施细则的同时，又制定出符合本地区发展的规则，是当前地方人大践行专题询问的重要典型。

表 4-3   2010—2020 年安徽省人大常委会开展专题询问统计

序号	日期	询问部门	询问主题
1	2010 年 12 月	安徽省人大常委会	深化医药卫生体制改革
2	2011 年 10 月	安徽省人大常委会	水利改革发展情况
3	2011 年 12 月	安徽省人大常委会	保障性住房建设情况
4	2012 年 6 月	安徽省人大常委会	农业发展情况
5	2012 年 8 月	安徽省人大常委会	饮用水安全发展情况
6	2012 年 10 月	安徽省人大常委会	食品安全情况
7	2013 年 8 月	安徽省人大常委会	义务教育情况
8	2013 年 12 月	安徽省人大常委会	农村公路建设发展情况
9	2014 年 5 月	安徽省人大常委会	大气污染防治情况
10	2014 年 9 月	安徽省人大常委会	关于促进就业创业工作情况
11	2015 年 9 月	安徽省人大常委会	关于全省中小企业发展情况
12	2015 年 11 月	安徽省人大常委会	深化农村改革情况
13	2016 年 9 月	安徽省人大常委会	银行业服务地方经济发展情况
14	2017 年 9 月	安徽省人大常委会	脱贫攻坚工作情况

① 李尚坤：《近期全国省级人大常委会开展专题询问情况扫描》，《人大研究》2012 年第 7 期。

续表

序号	日期	询问部门	询问主题
15	2018年9月	安徽省人大常委会	《中华人民共和国大气污染防治法》《安徽省大气污染防治法》实施情况
16	2019年9月	安徽省人大常委会	《水污染防治法》实施情况
17	2019年11月	安徽省人大常委会	法院解决执行难工作情况和检察机关刑事、民事执行监督工作情况
18	2020年6月	安徽省人大常委会	财政医疗卫生资金分配和使用情况
19	2020年9月	安徽省人大常委会	《中华人民共和国土壤污染防治法》实施情况

综合分析可以看出安徽省人大常委会开展的专题询问，有以下特点。

1. **议题集中**

从表4-3可以看出，安徽省人大常委会专题询问的议题较全国人大常委会更为集中。2010—2020年，安徽省主要集中在教科文卫和工程建设方面。但是，在这两方面安徽省与中央又保持一致，特别强调医疗卫生、食品安全以及"三农"建设。同时，安徽省又根据本地区实际发展情况，进行有针对性的选题。

2. **频率适度**

继全国人大常委会首次专题询问成功开展后，安徽省人大常委会也在同年年底进行了首次专题询问。之后的几年里，安徽省以每年2—3次的频率，稳定有序地开展专题询问。在询问的同时，又不断创新，弥补前面的不足。或许有人认为专题询问开展的次数越多越好。其实，这种看法往往会架空专题询问，让专题询问的主基调没有生成和落实的可能。频度过快地实践专题询问，就会违背人大监督的宗旨，使监督流于形式，未能由表及里、由浅入深，更谈不上真正发挥专题询问的主体性和实效性。

3. 关注民生

"国以民为本",民生问题关乎社会稳定与政权兴亡。安徽省人大常委会深刻认识到这一点,在选题时时刻关注民生。例如,2011年12月,关于保障性住房建设工作情况的询问。2013年8月,关于义务教育工作情况的询问。2014年9月,关于促进就业创业工作情况的询问。2017年关于脱贫攻坚工作的询问。这些彰显了教育是民生之基,就业是民生之本,社会保障是民生的安全网。而脱贫攻坚更是最大的民生。

4. 程序得当

在开展专题询问前,安徽省人大常委会对专题询问的问题进行了预先征集。通过充分发扬民主,广泛征求省人大代表、常委会组成人员、人民群众和社会各界的意见和建议,总结和梳理出一些社会普遍关心的热点、难点问题,以及迫切需要政府有关部门进一步加强和改进工作方面的问题,作为专题询问的选题。

进行专题询问时,安徽省人大常委会精心组织、确保现场有序。一是把握询问方式,分组审议专项工作报告后,在联组会议上采取"一问一答"的方式进行询问,同时对询问人和答复人的座位也作了精心安排,便于其面对面地进行交流互动;二是把握好询问时间,要求每次提问不超过2分钟,回答时尽可能紧扣主题、简洁明了,总体控制在1至1个半小时内;三是把握好宣传报道,事先专门制定了宣传方案,要求媒体积极稳妥地进行宣传,同时注意对到会媒体的现场组织管理,使会场始终保持良好秩序。专题询问结束后,及时将常委会组成人员的询问意见与对专项工作报告的审议意见一并交省政府及有关部门研究处理。省政府及有关部门高度重视,及时向常委会报告办理情况,常委会办公厅将《办理情况报告》摘要在《安徽日报》进行公布,并努力推动审议意见的全面落实。

(三) 四川地方专题询问工作开展情况

四川省人大也对涉及医改、环境、教育等方面的问题采用专题询问的方式进行监督，详见表4-4。①

表4-4　2014—2018年四川省人大常委会开展专题询问统计

序号	时间	形式	询问部门	询问主题
1	2014年5月27日	联组审议	四川省人大常委会	医药卫生体制改革情况
2	2014年9月25日	联组审议	四川省人大常委会	财政教育资金投入及绩效情况
3	2015年5月19日	联组审议	四川省人大常委会	全省大气污染防治工作情况
4	2015年9月23日	联组审议	四川省人大常委会	关于"十二五"规划执行和"十三五"规划编制情况
5	2015年12月2日	联组审议	四川省人大常委会	养老服务业推进工作情况
6	2016年9月27日	联组审议	四川省人大常委会	系统推进全面创新改革试验实施工作情况
7	2017年6月1日	联组审议	四川省人大常委会	《四川省农村扶贫开发条例》贯彻实施情况和扶贫开发工作情况
8	2017年6月2日	联组审议	四川省人大常委会	民营经济发展情况
9	2018年9月29日	联组审议	四川省人大常委会	人口与计划生育工作情况

---

① 资料来源于四川省人大网。

(四) 云南地方专题询问工作开展情况

2011年9月28日下午,云南省十一届人大常委会第二十六次会议举行联组会议,就城镇保障性住房建设有关问题,向省政府及有关部门进行专题询问。这是省人大常委会首次采用"专题询问"的方式,对广受关注的城镇保障性住房建设进行询问。专题询问采取的方式为现场一问一答。[①] 2013年5月30日上午,省十二届人大常委会第三次会议召开联组会议,专题询问全省医药卫生体制改革情况。询问现场,多名常委会委员向相关部门负责人进行连续发问,涉及"医改"方方面面。此次专题询问沿用2011年省人大常委会"一问一答"的方式。会上强调,专题询问始于"问",却不能仅止于"答",通过专题询问要切实改进工作、抓好落实。要充分发挥政府主导作用,突出医疗卫生服务的公益性;要进一步扩大卫生资源总量,加强卫生队伍建设,努力缓解"看病难"问题;要进一步完善基本药物制度,保证群众用药及时、安全;要加大资源整合力度,调整服务结构,引导医疗服务健康发展;要加快公立医院改革步伐,在改善医疗条件、方便群众就诊方面有新建树。[②]

2016年7月27日,云南省十二届人大常委会第二十八次会议举行联组会议,就旅游市场综合监管工作向省政府及有关部门进行了专题询问,询问采取"一问一答"的方式进行。2017年9月27日,省十二届人大常委会第三十七次会议举行联组会议,就云南省实施《中华人民共和国城乡规划法》和《云南省城乡规划条例》情况向省政府及有关部门进行专题询问。2018年7月25日,省十三届人大常委会第四次会议举行联组会议,就云南省高级人民法院关于"基本解决执行难"问题进行专题询问。2018年7月26日,省十三届人大常委会第四次会议举行联组会议,就云南省检察机关

---

① 张雪飞、刘晓颖、张潇予:《云南省人大常委会"专题询问"关注城镇保障性住房建设情况》,《云南日报》2011年9月29日。
② 李映青:《云南省人大联组会议专题询问医药卫生体制改革》,《中国日报》2013年5月31日。

开展公益诉讼工作情况进行了专题询问。2018年9月21日上午，省十三届人大常委会第五次会议举行联组会议，对云南省健康扶贫工作开展专题询问。2019年3月26日，省十三届人大常委会第九次会议举行联组会议，对全省脱贫攻坚工作情况进行专题询问（详见附件二）。2019年5月16日，省十三届人大常委会第十次会议举行联组会议，对省政府贯彻落实中央生态环境保护督察"回头看"及高原湖泊环境问题专项督察反馈意见问题整改情况开展专题询问。2019年9月28日上午，省十三届人大常委会第十三次会议举行联组会议，结合审议政府专项工作报告，对云南省教育事业发展"十三五"规划基础教育部分实施情况开展专题询问。2020年6月10日下午，省十三届人大常委会第十八次会议举行联组会议，对云南省"十三五"规划纲要实施情况进行专题询问。2020年6月11日上午，省十三届人大常委会第十八次会议第二次联组会议对全省脱贫攻坚工作情况开展专题询问。2020年9月27日下午，省十三届人大常委会第二十次会议举行联组会议，对云南省九大高原湖泊保护治理工作开展专题询问。

通过前文的简单介绍可以发现，云南省的专题询问工作有以下创新之处：（1）由人大常委会组织开展，在询问的主题方面，除了涉及民生的诸多问题，近几年在专题询问中还涉及与司法相关的公益诉讼、执行难等问题；（2）随主题的范围增加，相对应的是增加被询问的对象，不局限于政府的行政机关，司法机关也被纳入被询问的对象中来。由此可见，云南省人大专题询问工作，在遵照程序、突出民生社会重点问题的同时，也在积极探索对司法权力监督的运作方式。

综上所述，专题询问作为传统询问的创新之举，正在国家重大民生和人民群众普遍关注的领域中绽开绚丽之花，正在积极推进各层级人大工作不断走深走实、做强做大，成为当下各级人大常委会开展监督的常态化手段。

第五章　人民代表大会专题询问监督的问题与完善

自全国人民代表大会常务委员会于2010年首次开展专题询问以来，各层级人大纷纷学习借鉴和创新，形成了各自相对成熟的专题询问经验和做法，对新时期的人大监督工作起到了积极的作用。但由于当前正处于推进人大专题询问工作的初级阶段，作为新生事物的专题询问发育还不够成熟，其主题内容、频次、询问范围、公众参与度、制度等方面还存在一些问题。所以从人大监督的实践结果和长远愿景来看，仍然有较大的改进和提升空间。具体来说，就是专题询问认知度低，一定程度还存在"不愿问、不敢问、不知问、不会问"的情况；专题询问的数量仍处于低位，专题询问的范围目前仍然有限，专题询问社会关注度不高、公信力仍有待提升；已经开展的专题询问也由于缺乏制度规范，各地专题询问的组织形式不统一、工作程序不规范、随意性较大，影响了人大监督的严肃性和监督效能。

一　人民代表大会专题询问监督存在的问题及成因

（一）制度建设方面

专题询问在现行《宪法》中并没有明确规定，虽然《监督法》第三十四条专门对"询问"作了表述，但未对询问程序、询问的提问人、询问结果处置等作出规定。这就使得专题询问在实践中产生

第五章　人民代表大会专题询问监督的问题与完善

一定的随意性,"有的地方人大只是简单复制全国人大常委会的做法,没有结合本地实际进行探索创新"①。因此,对于什么是专题询问,如何改革和开展专题询问工作,如何增强专题询问的针对性和实效性还欠缺规范。同时,我国并没有关于专题询问的专门法律,部分省、市人大常委会虽出台了关于这一监督方式的地方性法规,但也仅对本级人大常委会的专题询问工作作出规定。具体而言,人民代表大会专题询问在以下几方面存在规范化和制度化不足的问题。

1. 专题询问议题的选定

科学选题是做好专题询问工作的首要条件。科学选题是一项包含事实调研和价值判断的决策活动,议题的选定应坚持问题导向和价值导向,必须回答为什么选定某类或某项议题,以及为何优先选择特定的议题。决策活动涉及两个层面,一是决策前的信息收集,二是对决策信息进行分析加工,并对各种可能的方案的执行、结果进行预判,最终选择一种方案。专题询问也不应例外,首先要有了解相关情况的渠道,确保决策有充分有效的信息支持。其次,对不同的问题应当有所取舍,只能确定特定议题作为专题询问的选题。前者涉及人大常委会确定选题的信息渠道问题,后者涉及议题选择的实体标准问题。当前各省实施《中华人民共和国各级人民代表大会常务委员会监督法办法》虽对这一问题有所规范,但仍存在以下问题。

第一,议题选定标准涉及的范围有限,未能充分体现党中央最新的会议精神和要求,同时也滞后于现有专题询问实践,无法有效指引人大专题询问监督围绕中心工作及回应社会关切的要求。

第二,提出选题建议的主体比较狭窄,仅限常委会组成人员。这在法理上不存在问题,但实际操作中因为人大常委会组成人员多为领导或兼职身份等原因,导致他们提出的建议有限。实践中,从事具体工作的是在人大闭会期间接受人大常委会领导的人大专门委员会以及常委会下设的工作委员会,无论在理论还是从实务的层面

---

① 隋志强、张开忠、黄兰松:《关于健全人大专题询问规范化、制度化、常态化机制研究》,《山东人大工作》2018年第11期。

来说，他们应当且有能力提出专题询问选题的建议。因此，专题询问的实体规定尚存有瑕疵。

第三，主体何时、通过何种具体方式提出选题建议的程序并不明确。是在视察"放管服"改革工作中，变单一的"官方调查"为与"明察暗访"相结合，还是采取公开征求意见、书面征求意见、问卷征求意见、座谈征求意见等方式？① 这涉及对专题询问工作的定位，如果要将专题询问常态化推进，必然要结合人大常委会的工作方式和工作特点，将专题询问选题建议纳入人大常委会的年度工作要点和工作计划之中。因相关操作性程序的缺乏，专题询问的规范化和常态化仍难以实现。

第四，专题询问选题是否需要征求"一府一委两院"的意见并不明确。专题询问针对的是"一府一委两院"的工作，"一府一委两院"作为执行法律和法律适用机关，一方面他们是拟被询问的具体对象，是被监督的"当事人"，另一方面他们对特定领域的具体情况更具备直观的认识。因此，提出科学的选题建议应当征求"一府一委两院"的意见。而现有的规定是："专题询问的工作方案一经确定，人大常委会办公厅（室）应当在10日内将专题询问的议题书面通知有关机关或者部门，要求其做好准备。"也就是说，现有规定要求专题询问工作方案在确定后通知有关机关或者部门做好应询准备，但对选题环节并未考虑征求"有关机关或者部门"的意见，缺乏这一环节也可能导致选题针对性和科学性不足。

2. 专题询问的准备工作

询问议题的确定不意味着专题询问会就可立即启动，专题询问的顺利进行，还需要进行充分准备和周密部署。这涉及以下几个关键问题：特定议题确定后，具体的询问问题如何形成和确定？拟询问的问题是否需要交应询部门做准备？如果需要，通知的时间和准备的时间如何确定？审议与专题询问结合还是分开？如何确定理论上说的人大常委会组成人员是询问主体，那么谁是主询问人？如何

---

① 朱仰民、孟宪石：《人大专题询问制度研究》，《山东人大工作》2020年第12期。

第五章 人民代表大会专题询问监督的问题与完善

确定主询问人？诸如此类的问题至今未有明确的规范，且现有的部分规定亦过于宏观宽泛，缺乏具体性和可操作性。

首先，拟询问的问题是否需要交应询部门做准备？《云南省实施〈中华人民共和国各级人民代表大会常务委员会监督法〉办法》第五十一条第一款规定："专题询问的工作方案一经确定，人大常委会办公厅（室）应当在10日内将专题询问的议题书面通知有关机关或者部门，要求其做好准备。"[①] 安徽省《亳州市人民代表大会常务委员会专题询问办法（暂行）》中规定，市人大常委会组成人员应当在会议举行7日前，将询问问题和答复要求汇总审定后，转交给被询问单位提前进行准备。如此看来，当前各层级人大都较为倾向事前将拟询问的问题交应询部门做准备。但需要引起重视的是，事前告知应询部门询问问题，是否会使专题询问流于形式，从而削弱专题询问的监督效力。

其次，专题询问中具体的发问问题和发问顺序如何确定。仍以云南省《实施〈中华人民共和国各级人民代表大会常务委员会监督法〉办法》为例来说明。该办法第五十二条规定了在开展专题询问前，人大常委会可以组织或者委托有关委员会组织常委会组成人员、人大代表围绕专题询问的相关内容进行调查研究，收集有关材料。这仅涉及专题询问的准备环节，对于具体的发问问题如何确定，该办法并没有规定。又如该办法第五十三条规定：人大常委会开展专题询问，一般在常委会会议上进行。必要时，经主任会议研究，可以召开部分常委会组成人员参加专题询问会。该规定仅对专题询问的会议形式作了原则性规定，其中对专题询问采取何种形式开展专题询问——询问是否需要与审议一同进行，先审议还是先询问没有回答，何种情形采取联组会议或大联组会议，还是采取分组会议也无具体说明。对于如何事先确定好提问人以及发问顺序等，《办法》均无相关规定。

---

① 参见云南省《实施〈中华人民共和国各级人民代表大会常务委员会监督法〉办法》。

因此，现有的规定看似非常全面，能够囊括一切。但细究下来会发现，所规定的内容其实只是比较宏观的内容，还缺乏具体的微观的实践要求。

3. 专题询问会举行的程序

专题询问会准备基本就绪后，进入询问的实施环节。这一环节主要涉及以下内容：谁来主持专题询问会？专题询问的具体步骤是什么？询问和应答方式如何选择？如何发问，以及对询问有哪些程序性要求？应询部门谁来应询，如何应询，对回答问题有何要求？现场不能答复或者不能充分答复的，应如何处理？可否追问，补充询问？询问问题如果涉及敏感信息如何处理？询问的过程以及结果以何种方式记录和呈现？

对于上述内容，大多省市的实施办法中仅规定："受询问的机关或者部门应当派有关负责人员到会听取意见，回答询问。"对其他内容，目前无相关规定。因此，作为专题询问的核心环节，专题询问与审议活动的结合方式、开展专题询问的会议形式、主持人、询问人及发问方式、受询问人员及问答方式、专题询问的公开方式等内容①还有待作出明确的规定。

4. 专题询问的效果确保机制

专题询问是人大监督权的重要实践内容之一，其实践效果最终体现在后续的监督跟踪和效果确保机制上。而现有关于人民代表大会专题询问效果确保机制的规定首先有：专题询问结束后，由有关委员会整理形成审议意见，经主任会议同意转送人民政府、人民法院和人民检察院研究处理。严格来说，该规定仍有以下不明确之处：第一，相关委员会整理的对象不明。相关委员会究竟需要对哪些内容进行整理，经过询问形成的审议意见应包含哪些要素并不明确。第二，相关委员会的工作由哪个部门来协调？第三，主任会议如何同意不明确，应作出决定还是决议？抑或是其他方式？第四，

---

① 杨树人：《论人大常委会专题询问的法制化》，《四川行政学院学报》2014年第4期。

转送"一府一委两院"的机构、转送的时限、转送的方式不明确。第五,该规定没有明确审议对"一府一委两院"的约束力。此处用"研究处理"意味着对于经过专题询问后形成的审议意见,如何处理的主动权在"一府一委两院"。如果专题询问的成果能够被落实和运用,"一府一委两院"收到审议意见后,必须研究落实并将落实情况在一定时限内向人大常委会反馈。现有的规定很可能导致"问了也白问"的情形。

其次,有关委员会对专题询问中需要重点解决的问题,应当跟踪监督。该规定虽然明确了有关委员会对专题询问落实情况跟踪监督的权力,但是只将监督的范围限于需要重点解决的问题。也就是说,有关委员会无权对"一府一委两院"的落实整改情况进行全面的跟踪监督。而且,"需要重点解决"这一标准非常抽象模糊,在实践中很难把握和确定,这实际上不利于有关委员会行使跟踪监督的权力。另外,有关委员会如何开展"跟踪监督",如何对其落实整改情况进行评价?监督发现问题的"一府一委两院"落实或整改不力,又应当如何处理?这些事关专题询问实效的问题,现有规范均没有予以解决。因此,现有规范还应"明确对专题询问中的意见和建议如何进行权威性处理,人大常委会可以采用哪些手段督促受询问部门落实或整改相关工作"[1]。

(二) 观念建设方面
1. 传统"和为贵"观念的影响

从历史文化传统来看,中国人讲求以和为贵,这种思想一定程度上会淡化制约与监督理念。专题询问与询问相比,议题更集中、问题更深入、对应询答复的要求更高,这难免在一定程度上带有"步步紧逼"的意味。有人认为询问类似西方的"质询",将专题询问贴上"刚性"标签,认为专题询问对抗性强、火药味浓,有悖

---

[1] 杨树人:《论人大常委会专题询问的法制化》,《四川行政学院学报》2014年第4期。

于中国"以和为贵"的文化传统,而且询问问题通常直指某个部门甚至是部门负责人,这难免使部分常委会组成人员有思想包袱,担心专题询问会影响与"一府一委两院"的关系,而缺乏主动性和积极性。因此,在这种心理的支配下,人大专题询问的监督效果难免就大打折扣。

2. 对专题询问的重要性认识不足

权力机关作为民意代表机关,开展专题询问在我国这一人民民主专政的社会主义国家,应成为一种常态化、制度化工作方式,便于人大机关监督"一府一委两院"的工作。但是,长期以来,在人大监督的实践中,这种方式却很少使用,一个重要原因是《监督法》等法律既未具体规定询问内涵,更未明确规定专题询问。这使得实践中对专题询问产生误解,对专题询问认识形成偏差。众所周知,人大履职的基本流程是知情、讨论、表决,作为弥补信息不足的重要手段,询问权本应经常行使。但现实中,地方各级人大常委会组成人员的信息来源往往是依赖议案、政府报告等书面资料,知情不多,知情不深,用情不多。有人甚至仅把专题询问当作履行职权的一个环节、一个步骤,只在审议报告和议案时偶尔使用,并未把它当作一种独立的法定监督形式来看待和运用。有的部门曲解原意,往往将专题询问简单理解为获取信息和解释说明,没有实际效果,导致对不明白的地方懒得追问、不寻求解答,不愿甚至不敢询问。"一些地方人大思想上不重视、行动上不积极,有的抱着多一事不如少一事的心态,一年安排一次专题询问,有的甚至没有。"①

3. 对专题询问的"问",认识有偏差

人大的询问,是人大法定监督权的一种应用载体,既不同于"行人问路"那种"探问式"层次的问,也不同于"学生请教先生"那种"请教式"形态的问,更不同于"街坊邻居嘘寒问暖"那种关心形态的问,还不同于"偶有遗忘、翻阅资料"那种"查阅式"功能的问,而是国家权力机关依法进行的监督性的庄严之

---

① 朱仰民、孟宪石:《人大专题询问制度研究》,《山东人大工作》2020年第12期。

第五章 人民代表大会专题询问监督的问题与完善

问。它要具备"查问"的客观、"追问"的认真以及"责问"的刚性。因此，专题询问应有正确的内容取向，宜精不宜多，宜深不宜浅，宜专不宜广；不甚了解的不宜发问，不痛不痒的不应发问，部门出彩的无需发问；"问"大事、"询"大局，"问"民生、"询"民权，"问"热点、"询"焦点，做到符合相关法律法规和中央、省委的决策部署，切合民生改善和民意伸张之所需，遵循本项事业发展规律、具有整改落实的必要性和可行性。

既有实践对"问"的认识不足、理解不透，把握不准，导致即便问，也不知该问什么，该如何问。有的询问现场问答双方照本宣科，就像"对台词"，也像"开卷考试"，难以达到应有的效果。部分地方开展专题询问闭门操作，没有邀请专家学者、群众代表参与其中，成为了"自己的游戏"。[①] 因此，不询问、很少询问，不会问，均直接影响到专题询问的正常开展。

4. 对专题询问效果的认识有偏差

在开展专题询问时，不能过于追求场面热闹，甚至以互动情况作为活动成败的标准，其关键在于问出水平、答出责任。人大监督的目的，是确保宪法和法律的正确实施，确保行政权、审判权、检察权的正确行使，确保人大监督围绕关系改革发展大局的中心工作，回应涉及群众切身利益、社会普遍关注和人民普遍期待的关注。

为达成这些目标，作为人大常委会监督方式之一的专题询问的开展，重点不在于场次、场面和现场气氛、新闻媒体的报道等表象，而是看相关机关和部门对审议建议的落实情况、对相关问题的整改情况，看询问对相关工作的整体促进情况。当前，一定程度上还存在着"重形式不重效果""重数量不重质量"的倾向。这些倾向的存在，不同程度地影响了已开展专题询问的效果和社会认可度。

[①] 朱仰民、孟宪石：《人大专题询问制度研究》，《山东人大工作》2020年第12期。

(三) 配套建设方面

1. 组织保障力度不足

"正确的政治路线要靠正确的组织路线来保证"，专题询问作为新事物，虽在全国人大常委会的鼓舞和激励下，不断受到重视。但是，总体上而言，目前尚未形成常设的、统筹领导、协调推进专题询问的一般性组织保障机制，这在一定程度上制约了专题询问工作的统筹领导和高位推动。另外，专题询问对"一府一委两院"监督工作的实效能否形成询问常态，"一府一委两院"愿不愿意、是否主动接受询问，核心在于加强党对人大工作的领导，正确处理好监督与支持的关系。因此，在推进专题询问具体工作和制度化建设中，如何坚持党的领导，如何强化组织保障、确保监督成效，争取地方党委的支持，至关重要。

2. 理论研究不够

专题询问进入公共视野时间短，虽然过去有的地方人大常委会也行使过询问权，但不经常开展，效果没有得到充分展示，在一定程度上影响了询问权的充分应用。所以，现在对这个"新生事物"的理论研究还显得薄弱，目前仍然存在很多真空区域，需进一步深入研究与实践，从理论上给出答案，促进其深入发展。在许多地方，询问监督未得到应有的重视，既未及时对询问实践加以宣传、总结、引导、深化和拓展，也缺乏专门、系统、全面的研究和培训，"等而下之"的错误认识和马马虎虎得过且过的心态，使询问权的行使实际上处于雷声小、雨点也小的尴尬状态。

3. 人大自身建设尚有不足

人大自身建设的不足也影响着人大专题询问制度运行的效果。这主要体现在常委会组成人员兼职化，大多数委员都有本职工作，平时不参与人大日常工作，仅在人大常委会开会或组织相关活动时，才行使相关职能。专职委员一般由人大常委会领导，兼任人大专门委员会或常委会工作机构领导职务，对专题询问工作的关注力不足。人大各专门委员会和人大常委会工作委员会、办公厅等部门及工作人员在专题询问上尚无长期的经验积累，对如何具体开展专题询问工作还处于学习和摸索阶段。另外，现有编制的人力资源有限，日常工作种类多、任务繁重。对于专题询问这项新工作，难以充分顾及。这些客观情况的存在也在一定程度上影响了专题询问工作的常态化。

4. 人力和经费保障不足

专题询问是一个包含多主体、多环节、多步骤的过程性活动。专题询问的开展需要进行规划、制定实施方案、展开前期调研、并需要与不同的机关或部门进行沟通协调，举办询问会议、对会议进行宣传报道，以及后期的跟踪监督，每个环节都需要人力和财政经费保障。专题询问如果常态化开展，必须有配套的队伍支持和专项经费保障。目前，各省相关的人力队伍缺乏，专项经费保障不充分，一定程度上也约束了专题询问制度的常态化。

5. 宣传工作不足

随着网络新型媒体的普及，网络直播、自媒体直播专题询问现场，使专题询问宣传进一步强化，例如，2016年7月27日，云南网直播了云南省人大常委会对该省旅游市场综合监管工作进行的专题询问。虽然媒体上有很多关于专题询问的宣传报道、展示过程、阐述意义、回顾历程，但却很少宣传询问的效果。关于专题询问这一监督活动的相关知识的介绍与传播也不多，对其的深度报道更是少之又少，一定程度上影响了人们对询问监督的认知和实践。社会对专题询问的有效性表示怀疑：看似轰轰烈烈，是否真正有用？在人大宣传工作中，不同程度地存在重形式轻内容、重程序轻实体、重质询轻询问的现象。如果缺乏实效支撑，即使专题询问由"星星之火"演变成"燎原之势"，也必将是昙花一现。因此，一方面，依赖于人大工作人员工作中的务实行动；另一方面，还要"采用多种形式，全方位地加强对专题询问的有关知识、法律依据、重要意义、主要做法的宣传，不断增强'一府一委两院'主动接受、积极配合人大监督和询问的自觉性，切实加深人民群众和社会各界对专题询问的理解和认识，为开展专题询问营造良好的群众基础和舆论环境"①。

二 人民代表大会专题询问监督的发展与完善

为解决当前人民代表大会专题询问开展实施中存在的问题，必须破解专题询问开展实施中"遭遇"的制度、观念和资源保障的难题，这就有必要强化认识、修正观念，加快专题询问制度建设、促进专题询问的规范化，提升专题询问资源保障、推进专题询问常态化。因此，各层级人民代表大会应当以专题询问的规范化需求为契机，以制度化为抓手，以立法为突破，深化认识，强化观念，争取保障，促进专题询问的常态化，回应关切，进一步增强人大监督的实效。具体而言，人民代表大会专题询问制度的发展与完善应在以下几方面下工夫。

（一）改进党对人大工作的领导、优化人大监督的组织保障

《中共中央关于全面推进依法治国若干重大问题的决定》提出，全面推进依法治国，要"坚持党的领导、人民当家作主、依法治国有机统一"。"党的领导是中国特色社会主义最本质的特征，是社会主义法治最根本的保证。把党的领导贯彻到依法治国全过程和各方面，是我国社会主义法治建设的一条基本经验。""依法执政，既要求党依据宪法法律治国理政，也要求党依据党内法规管党治党。必须坚持党领导立法、保证执法、支持司法、带头守法，把依法治国基本方略同依法执政基本方式统一起来，把党总揽全局、协调各方同人大、政府、政协、审判机关、检察机关依法依章程履行职能、开展工作统一起来，把党领导人民制定和实施宪法法律同党坚持在宪法法律范围内活动统一起来，善于使党的主张通过法定程序成为国家意志，善于使党组织推荐的人选通过法定程序成为国家政权机关的领导人员，善于通过国家政权机关实施党对国家和社会

---

① 刘健：《关于开展专题询问的实践与思考》，《人民之友》2019 年第 11 期。

的领导，善于运用民主集中制原则维护中央权威、维护全党全国团结统一。"

按照上述要求，各级党委应进一步加强和改进对人大工作的领导，把党总揽全局、协调各方同人大、政府、审判机关、检察机关依法履行职能、开展工作统一起来。领导并支持"一府一委两院"进一步提高依法行政、公正司法的能力。领导和推动健全由人大产生、对人大负责、受人大监督的体制机制。各级党委要支持社会各界更加关注人大监督工作的开展，支持人大常委会专题询问工作，依法履行职责。同时，也应把专题询问涉及的问题放到党的工作大局中去谋划、去推动。比如2021年全国人大联组会议专题询问《建设现代综合交通运输体系有关工作情况》（详见附件一）中就提到："全国人大常委会听取和审议建设现代综合交通运输体系工作情况的报告，并围绕审议报告开展专题询问，是全国人大常委会深入贯彻习总书记重要指示要求，贯彻落实党中央决策部署的重要举措。"这种新时期契合党委重点工作、贯彻落实党中央决策部署的专题询问才能"问"得精彩、"问"出实效。

（二）加快立法步伐，制定《专题询问实施办法》

专题询问制度化最重要、最有效的途径是通过立法的方式，对涉及的相关问题进行规范，使专题询问有规可循、有章可依，使各级人大常委会善于运用、准确使用专题询问，使人大监督工作更加深入、扎实有效。因此，要满足指导并有效开展专题询问的需要，仅依靠现有规定是远远不够的。"2015年4月，全国人大常委会办公厅出台《关于改进完善专题询问工作的若干意见》，对什么是专题询问，如何改进完善专题询问工作，如何增强专题询问的针对性和实效性作出具体规定。"[①] 这为地方各级人大及其常委会制定符合本土发展实际的《专题询问实施办法》提供了重要参考和借鉴。因此，加快人大常委会专题询问规范化立法工作

[①] 魏吉昌：《做好人大专题询问的思考与对策》，《人大工作探讨》2021年第12期。

已是大势所趋。例如，山西省人大制定了《山西省各级人民代表大会常务委员会专题询问办法》，吉林省人大常委会制定了《吉林省人大常委会专题询问办法（试行）》。云南省人大常委会虽还未出台相关的《专题询问实施办法》，却已在《中共云南省委重要改革举措实施规划（2014—2020年）》中将"制定专题询问组织方式和工作机制的办法"列为重要改革内容，并将其列入了《省委全面深化改革领导小组2015年工作要点》。因此，制定专题询问实施办法，是落实中央和省委全面深化改革的一项重要任务。相关省份也应当学习全国人大常委会相关文件精神，总结各省开展专题询问工作的经验，借鉴外省（区、市）的有效做法，制定专项询问监督的实施办法，加强相关制度建设，使开展专项询问监督有章可依、有规可循。从而实现人大常委会专题询问常态化、规范化和制度化，为合力监督权力再添法制保障。具体来说，可以结合各省本地的区域发展特色和优势，突出"常态问、灵活问、规范问、跟踪问"，从而做实、做深、做细、做透立法工作，保证立法质量，为专题询问的成功开展提供法理基础。此外，专题询问办法的制定还应以问题为导向，聚焦实践中开展专题询问工作存在的针对性不强、操作不够规范、实效性不足等问题，对专题询问的制度设计进行进一步的完善。

（三）定期专题询问，推动专题询问常态化

专题询问迈向制度化、规范化不能仅仅体现在规定上，必须具体落实到实践中。从现有的实践来看，专题询问实践并非每年展开，地方各级人大常委会为何、何时举行专题询问均不明确，专题询问使用频率较低。有的省级人大常委会几年才开展专题询问，除个别市外，多数市以及县两级人大常委会基本未开展过相关工作。与执法检查和执法调研、听取和审议专项工作报告等监督方式相比，专题询问数量明显不足。另外，"由于专题询问占用监督资源较多，工作协调难度大，实际成效与地方人大期望值相差较大等原

因，近两年已有下降之势"①。

因此，为了使专题询问实现常态化，必须对专题询问何种条件下可以启动，多长周期内应当启动作出原则性的规定。对专题询问的开展要求也应该设置具体的计划和安排，特别是对专题询问的开展次数，应有最低次数的要求。例如，《山西省各级人民代表大会常务委员会专题询问办法》第五条就明确规定，专题询问每年至少进行一次，以此推动实现专题询问、人大监督的常态化。

（四）完善制度建设、明确专题询问程序

1. 明确实施机构

开展专题询问，必须依靠强有力的组织推动和机构保障。加强组织领导，明确实施机构或部门职责，是做好专题询问工作的基础条件。因此，推进专题询问工作，建议成立人大常委会主任或副主任为组长，秘书长或副秘书长、相关委员会负责人、办公机构负责人和研究机构负责人为成员的领导小组，负责领导和统筹推进相关工作，由办公机构负责具体工作和统筹协调，其他部门在其职责范围内做好相关工作。

2. 明确实施步骤

专题询问实施步骤的合理安排就是询问目标得以达成的重要过程。因此，需要研究制定程序性的实施规则，使专题询问制度更具有操作性。首先应把专题询问安排在常委会会议联组会议上，结合审议专项工作报告、执法检查报告、视察报告、专项调研报告、整改情况反馈报告等进行。接着听取和审议"一府一委两院"的专项工作报告，再集中开展专题询问。

在询问过程中，常委会组成人员的提问要抓住关键和要害问题，不回避矛盾，如对回答问题情况不满意，可以进一步深入询问。答问人应直截了当、实事求是地作出回答，不走过场。在提问

---

① 戴志华：《加快打造"专题询问2.0版"——改进和完善人大专题询问的再思考》，《人民代表报》2016年5月10日第3版。

和回答时，不宜多问一答，宜采一问一答。就追问而言，也不宜禁止，宜适度鼓励追问，询问人在听取答复后，经主持人同意，可以就同一问题补充询问。在应答态度上，不能避重就轻、答非所问，要实事求是。

提问环节结束后，"一府一委两院"的领导应在专题询问会上作综合性的表态发言，人大常委会的领导作总结讲话。必要时，常委会还应对有关专项工作作出决议、决定。

3. 明确选题选定标准

全国人大常委会《关于改进完善专题询问工作的若干意见》提出选题要"围绕中心工作，回应社会关切，增强询问选题的针对性和时效性"。因此，各层级人大常委会为确保选题的针对性，应坚持围绕事关地方经济社会发展的重要部署进行选题；围绕"一府一委两院"工作中存在的突出问题和薄弱环节进行选题；围绕人民群众反映强烈和迫切需要解决的热点、难点问题选题。要避免选题不切实际、好高骛远，应选择那些经过努力可以解决的问题；要强化事前监督，选择那些带有苗头性、倾向性的问题；要确保专题询问的时效性，针对问题的轻重缓急区别对待，重点选取时限性强、急需解决的问题。比如云南省人大常委会就结合其山区、民族、贫困、边疆四位一体的省情，专门召开联组会议专题询问《省政府脱贫攻坚工作情况》（详见附件二），对党和人民高度重视的脱贫攻坚问题进行了专门询问。再比如云南省砚山县、湖南省双牌县等人大常委会就选取了民族地区中迫切需要解决的殡葬改革问题进行了专题询问，为新时期建立健全殡葬改革管理体制带去助益。

4. 明确前期准备

选好议题只仅仅指明专题询问的方向，专题询问会如果能够顺利举行，还必须按照法定程序做好专题询问前期的各项准备工作。一般而言，要制订专题询问办法和详细的工作方案，确定询问的时间、形式、场合，提前把有关背景材料向人大常委会组成人员报送；加强同有关部门的沟通协调，为顺利开展专题询问提供便利和保障。要进行调查研究，在会前成立专题调研组，深入基层、深入群众了解有关情况；有针对性地开展调查研究，努力获取第一手材料，形成相应的专题调研报告，结合调研的具体情况提出询问提纲，报请人大常委会主任会议讨论确定。然后再确定具体的发问问题、确定会议主持人和专题询问的提问人和提问顺序等。这方面的工作山东省、江苏省等各级人大常委会就做得非常出色，因为各层级人大常委会都会在专题询问会议开始前先召开专题询问工作部署会或者专题询问准备工作协调会，有效保证了专题询问的监督效果。

5. 明确监督机制

作为一种手段，问答的最终目的是整改。在进行问答后，如果后续工作不到位，使专题询问无法发挥相应的效果，那么就使之成了走过场的民主秀。要注重加强"问"后工作、强化对审议意见的整改落实，健全督办问责机制。"问"后工作，一方面要做好梳理交办。询问会后，不能简单地把询问问题作为询问意见转请"一府一委两院"研究处理。从逻辑上讲，询问问题包括不同类型，如不清楚、不满意、表达关切等。对常委会组成人员认为不满意的事项，以及重点关注的事项和工作建议，人大常委会工作机构和办公机构要认真总结整理，提出具体处理意见，以书面形式交"一府一委两院"及其职能部门研究处理。另一方面要做好跟踪督促。"一府一委两院"及其职能部门在办理结束交办的专题询问事项后，要及时报告人大常委会，由其对落实情况进行审议，对办理结果不满意的，可就有关问题再行追问，对追问答复仍不满意的，可以适时启动质询、罢免等刚性监督手段，把问题一抓到底、抓出成效。因此，只有通过建章立制来"制订出台跟踪督办实施办法，细化监督办理细则，明确各职能部门的责任，才能促使'一府一委两院'把承诺事项办好办实，才能用制度巩固和扩大专题询问的成果，确保专题询问有章可循，更富实效"[①]。

[①] 柳美景、文早：《关于开展专题询问工作的调研与思考》，《人民之友》2020年第4期。

(五) 强化保障，提高专题询问实效

1. 不断提高常委会组成人员的履职意识和能力

作为专题询问的主体，常委会组成人员应严格遵循人大工作特点和认知发展规律，在人大监督过程中走进群众，深入调研，勇于担当，敢于面对，积极开展询问，主动追问，培养质疑习惯和探究精神。这是代行民意、实施监督的政治权利，更是回应民意、履职尽责的政治义务。各级人大常委会要以对党对人民高度负责的责任感和使命感，从思想上牢固树立"人大不监督就是渎职，监督不到位就是不称职，监督不力就是失职"的认识。各级人大常委会组成人员要切实增强监督的主体意识，以维护人民群众的根本利益为标杆，去掉私心杂念，摒弃个人好恶，认真遵循人大工作特点和认知发展规律，在人大监督过程中积极开展询问、主动询问，培养质疑习惯和探究精神，以激发履职的自觉性和创造性。

2. 加强专题询问工作队伍建设

专题询问的常态化要求配备专业的常规化队伍。人大各专业委员会、常委会办公机构、工作委员会应加强队伍建设，安排专人从事相关具体工作，并注重队伍的持续建设和培训，为专题询问具体工作的开展提供人力资源保障。具体来看，可以有计划有组织地开展相关监督理论和监督技能的培训，增强相关工作人员履职能力和履职意愿。也可以进一步优化常委会人员结构，选派各类专业人才充实监督岗位，通过组成人员的专业性来提升监督效能。

3. 加强专项经费保障

随着人大监督体制改革的持续推进，专题询问的规模、频次等不断扩大，资金需求迅速增长，人大专题询问专项经费投入不足开始成为制约询问效果的一大因素。所以，为了有效提升监督效能，必须加强专项经费保障。一方面，专题询问的制度化和常态化依赖必要专项财政经费的支持；另一方面，专题询问实践的创新能力建设也迫切需要专项经费保障。因此，应不断加大投入，将专题询问人员经费、公用经费、专项业务经费等列入财政预算，使专题询问

工作的推进获得有效的专项经费保障。

(六) 加强监督工作，提升专题询问实效和公信力

总体来看，专题询问相对还处于起步阶段。各地、各级人大应不断加强专题询问工作的开展，促进其常态化，充分发挥其经常性、简便性、互动性、针对性等优点，提升人大监督工作的实效。目前，各地人大常委会都十分重视进行公开透明的宣传报道甚至走向网络或电视的直播，如福建省福州市人大常委会的每一场专题询问都在福州新闻网、掌上福州App、福州人大网和福州人大微信公众号进行全程网络图文直播。对专题询问而言，这既接受了广大社会群众的监督，又扩大了其影响，还促进了被询问者工作的改进。[①]

在今后开展专题询问的实际工作中，应当建立规范的询问公开制度，向媒体、公众开放询问过程。同时还要加强宣传报道，使询问监督深入人心。可利用网络、电视、广播、报纸等媒体，加强对外宣传，还可在人大门户网站、人大常委会公报上向社会公布询问的相关情况，让其接受社会群众的监督，使其更具公开性和透明度。尤其是常委会组成人员要做好充分准备，以确保专题询问的效果能够更好地发挥出来，建立起人大常委会、"一府一委两院"相关部门、新闻媒体、公众等多方参与的互动监督机制，从而使专题询问不断向纵深推进，让"聚光灯"下的专题询问不走过场。

通过这种监督权的有效行使，不断增强法治观念、增强实施监督和接受监督的主动性与自觉性，使监督主体既敢于监督，又善于监督，监督客体自觉接受监督、主动服从监督，保证人大监督工作落到实处，从而推进社会主义民主法治建设。

[①] 席文启：《询问、质询与专题询问》下，《北京人大》2016年第4期。

附件一　全国人大联组会议专题询问建设现代综合交通运输体系有关工作情况*

2021年6月9日下午，十三届全国人大常委会第二十九次会议举行联组会议。会议由全国人大常委会王副委员长主持，就国务院关于建设现代综合交通运输体系有关工作情况进行专题询问。

王副委员长说，全国人大常委会听取和审议建设现代综合交通运输体系工作情况的报告，并围绕审议报告开展专题询问，是全国人大常委会深入贯彻习总书记重要指示要求，贯彻落实党中央决策部署的重要举措。参加今天会议的全国人大常委会领导同志有：栗委员长、各位副委员长、秘书长。国务院高度重视这次专题询问。国务委员王同志代表国务院到会听取意见、回答询问，随同到会的有交通运输部李部长，财政部刘部长，商务部王部长，中国民航局冯局长，国家发展改革委胡副主任，自然资源部庄副部长，国家铁路局刘局长，国务院孟副秘书长。按照法定程序，会前已有4位常委会组成人员和专门委员会组成人员报发言询问，今天的会议先请这4位委员发言询问。在他们发言询问结束后，其他出席、列席人员要求发言的，可以举手申请发言询问。下面，先请徐委员发言询问。

徐委员问。

---

* 《国务院关于建设现代综合交通运输体系有关工作情况报告专题询问》，中国人大网（http：//www.npc.gov.cn/wszb/zb19/zzzb19.shtml），2021年6月9日。

附件一　全国人大联组会议专题询问建设现代综合交通运输体系有关工作情况

谢谢副委员长。党的十九大和十九届五中全会作出建设交通强国战略部署，党中央、国务院印发交通强国建设纲要和国家综合立体交通网规划纲要，明确了现代综合交通运输体系建设的目标任务，本次会议之前我参加了财经委组织的到湖北、河南的调研活动，深切感受到我国交通运输事业快速发展，取得了巨大成就。但也要看到，与中央的要求相比，与人民群众日益增长的美好生活需求相比，我国现代综合交通运输体系建设仍然存在许多迫切需要补齐的短板，还有大量艰苦复杂的工作要做。我想提的问题是，下一步推进党中央决策部署落地落实有哪些思路和举措？

国务委员王同志答。

尊敬的栗委员长、各位副委员长、秘书长、各位委员、各位代表、同志们：大家下午好。非常感谢全国人大常委会专门召开会议，听取和审议关于建设现代综合交通运输体系有关工作情况的汇报，并进行询问。这充分体现了全国人大对交通运输工作的高度重视和大力支持，另外非常感谢徐委员的提问，我就此问题作一个简要的回答。交通运输是我国国民经济中基础性、先导性、战略性产业和重要的服务性行业，习总书记对此高度重视，多次作出重要批示、指示。党的十九大报告提出建设交通强国，这是以习近平同志为核心的党中央立足国情、着眼全局、面向未来作出的重大战略决策，2019年9月，党中央、国务院印发了《交通强国建设纲要》，对相关工作作出了全面的决策部署。目前，国务院有关部门已先后推出了三批共300多家单位参加的交通强国建设试点，这项工作正在稳步地推进。在交通强国建设整体的布局中，现代综合交通运输体系既是关键所在，也是主要抓手。近年来按照党中央、国务院的决策部署，围绕着交通强国的战略实施，我国综合交通运输体系建设进一步加快，成为全面建成小康社会的标志性成就之一，也成为广大人民群众获得感最强的领域之一。特别是在应对新冠肺炎疫情的过程中，综合交通运输体系经受住了严峻考验，有力保障了重点物资的运输和复工复产的工作。今年2月份，党中央、国务院又印发了《国家综合立体交通网规划纲要》，进一步明确了推动这项体系性工作的相关目标任务。下一步，我们将认真落实党中央、国务院决策部署，从立足新发展阶段、贯彻新发展理念、构建新发展格局，推动高质量发展出发，坚持目标导向和需求导向相结合。以整体优化、协同融合为主攻方向，统筹存量和增量，统筹传统和新型基础设施建设发展，统筹建设管理、养护、运输发展，同时深化改革创新，加快破解综合交通运输发展目前还存在的一些不平衡、不充分、不协调的问题，努力建成现代化的综合交通运输体系。为加快建设交通强国、建设社会主义现代化强国提供坚实有力的支撑。总的包括五个方面：

第一，突出在规划引领上下功夫。抓紧组织编制实施相关规划，切实发挥规划引领作用，确保一张蓝图绘到底。一是以规划落实新发展理念。把便捷畅通、经济高效、绿色集约、智能先进、安全可靠摆到交通运输发展更加重要的位置，优化各类要素资源配置，提升综合运输整体运行效率。二是以规划平衡各种运输方式。做好"十四五"综合交通运输发展规划以及铁路、公路、水运、民航、邮政快递各行业规划和重点区域专项规划的衔接，形成功能互补、统一协调的整体规划体系。三是以规划推动重点任务落地。谋划一批具有战略性、牵引性、标志性的重大工程项目，提出一批针对性、实效性强的重大政策，实施一批关键性、突破性的重大改革举措，确保加快建设交通强国在"十四五"时期开好局、起好步。

第二，突出在优化布局上下功夫。围绕"通道＋枢纽＋网络"总体架构，科学把握各运输方式建设规模、速度和节奏，持续优化综合交通基础设施布局、结构和功能。一是优化通道布局。加快构建"6轴7廊8通道"国家综合立体网主骨架。统筹推进川藏铁路、西部陆海新通道等战略性、骨干性通道工程，加快中西部骨干通道建设，实施东部地区能力紧张通道扩容提升工程，加快形成我国区域间、城市群间、省际间以及连通国际运输的主动脉。二是优化枢纽布局。分层分类、因地制宜推动综合交通枢纽系统建设。加强综合交通枢纽集群、枢纽城市及枢纽港站"三位一体"统筹布局，提升综合交通枢纽一体化衔接水平，积极拓展枢纽功能，大力发展枢纽经济。三是优化网络布局。加快构建以铁路为主干，以公路为基础，水运、民航比较优势充分发挥的国家综合立体交通网。围绕陆海内外联动、东西双向互济的开放格局，着力形成功能完备、立体互联、陆海统筹的运输网络。

第三，突出在深度融合上下功夫。聚焦一体化发展和衔接协同，推动综合交通运输跨方式、跨领域、跨区域、跨产业融合。一是推动跨方式融合。强化各种运输方式有效衔接，大力发展旅客联程运输和货物多式联运，着力打造"全国123出行交通圈"和"全球123快货物流圈"。二是推动跨领域融合。推进交通基础设施网与运输服务网、信息网、能源网融合发展，打造以全链条快速化为导向的便捷运输服务网，加快形成内外联通、安全高效的物流网络。三是推动跨区域融合。推进京津冀、长三角、粤港澳大湾区等重点区域交通运输统筹发展，推进东部、中部、西部和东北地区交通运输协调发展，推动城市群内部、都市圈、城乡交通运输一体化发展，提高综合交通运输网络效率。四是推动跨产业融合。打通产业边界、推动跨界融合，推进交通与邮政快递、现代物流、旅游、装备制造等相关产业融合发展。

第四，突出在提质增效上下功夫。以推动高质量发展为主题，进一步聚焦"三个转变"和"四个一流"要求，推动交通运输实现质量变革、效率变革、动力变革。一是推动安全发展。健全完善现代化工程建设和运行质量全寿命周期安全管理体系，持续提升交通网络系统韧性和安全性，建立健全多部门联动、多方式协调、多主体参与的应急管理协调机制，持续加强交通运输安全与应急保障能力建设。二是推动智慧发展。扩大新一代通信技术、人工智能、大数据等应用场景，着力提升既有设施数字化水平，统筹布局新型基础设施，加快建设智能铁路、智能公路、智慧民航、智慧港口、数字航道。三是推动绿色发展。加强可再生能源、新能源、清洁能源装备设施更新利用，促进交通能源动力系统清洁化、低碳化、高效化发展，加快形成以铁路、水运为主的大宗货物和集装箱中长距离运输格局，实现交通领域碳排放尽早达峰。

第五，突出在改革创新上下功夫。坚持系统观念，着力深化改革创新，进一步完善法制、体制、机制和规制。一是强化改革攻坚。持续深化综合交通运输体制机制改革，加快建立与交通强国相适应的综合交通一体化融合发展体制机制和制度，在铁路市场化改革、收费公路制度改革、空管体制改革等领域加大攻坚力度。二是加强科技创新。坚持创新在现代综合交通运输体系建设中的核心地位，结合交通强国建设试点，深入实施创新驱动发展战略，打好关键核心技术攻坚战，以科技赋能拓展综合交通运输发展新空间。三是强化协同联动。加强国土、环保、财税、金融、投资、产业、贸易等政策系统协同，强化与制造强国、科技强国等国家战略的联动，建立完善与加快建设交通强国相适应的资源支撑和资金保障机制。以上回答，请委员长和各位代表们批评指正。

王副委员长说，下面请欧阳委员提问。

欧阳委员问。

谢谢副委员长。习总书记对交通运输工作多次作出重要指示批示，去年9月，习总书记在中央财经委第八次会议上要求，建设现代综合运输体系，形成统一开放的交通运输市场。习总书记正式宣布我国力争2030年前实现碳达峰，2060年前实现碳中和目标。交通运输行业是推动绿色发展实现碳达峰、碳中和的关键领域。据有关部门初步测算，我国交通运输行业二氧化碳的排放占全国各类终端碳排放约15%，减排的任务十分艰巨。我的问题有两个：第一，在建设统一开放的交通运输市场方面，国务院和有关部门有哪些考虑和重要的举措？第二，如何推动交通运输领域做好碳达峰、碳中和的相关工作，加速行业绿色低碳转型发展？谢谢。

王副委员长说，这个问题请国家发展改革委胡副主任和交通运输部李部长来回答。

交通运输部李部长答。

谢谢欧阳委员。我先回答您的问题的第一部分，就是关于统一开放的交通运输市场。习总书记在中央财经委第八次会议上强调指出，要深化交通运输体系改革，形成统一开放的交通运输市场。我们认为形成统一开放的交通运输市场,既是建设现代综合交通运输体系的基础条件,也是加快建设交通强国的重要内容,更是构建新发展格局的重要支撑。改革开放40多年以来,我们国家交通运输事业得到了快速的发展,特别是党的十八大以来,我国铁路、公路、水运、民航、邮政等各个领域的市场化改革不断深化,应该说统一开放的交通运输市场已经初步形成,为我国经济社会发展提供了有力保障,也为人民生活改善提供了支撑。但是,应该说这个市场体系还不很完善。一是市场主体的活力还不足;二是市场体系不够完善;三是部分领域的垄断还有隐性的壁垒亟待打破;四是行业管理需要加强,服务水平需要提升,监管的方式需要创新。所以,我们初步考虑,将以"统一"和"开放"为关键,以深化改革为手段,围绕充分发挥市场在资源配置中的决定性作用和更好发挥政府作用,重点做好以下几个方面工作:

第一,抓改革,增强市场主体的活力。刚才,国务委员王同志特别提到,要深化铁路等领域的竞争性环节改革。我们还要优化市场营商环境,为市场主体增添活力。第二,促创新,优化要素资源的配置。要推进数据的共享开放,要稳定各项政策,要提高交通基础设施资源利用的效率等。第三,优治理,完善现代化市场治理体系。要建立健全规章制度,完善法规标准,加强对行业的监管。第四,扩开放,促进市场主体更高水平的对外开放。第五,促融合。一方面,要深化交通运输区域融合、行业融合、产业融合;另一方面,要促进交通运输行业内部融合发展。第六,优服务。牢固树立全心全意为人民服务的思想,完善丰富服务的手段方法,加强和改善服务。总之,我们将通过深化改革、创新驱动、扩大开放、加强服务、抓好督促等一系列措施,推动统一开放市场的建设。现在交通运输部正在牵头制定政策文件,文件制定以后,我们还要抓好落实。这是您的问题的第一个部分。

第二个问题,关于绿色低碳转型发展。在绿色低碳转型发展方面,党中央、国务院把生态文明建设摆在全局工作的突出位置。中央财经委第八次会议上,总书记明确要求要加快形成绿色低碳运输方式。我们交通运输行业是能耗大户，同时也是排放大户，在服务经济发展、服务人民生活的同时，我们也排放了大量的污染物、二氧化碳等。所以，对我们来说，节能、减排、降污是我们面临的重要任务。近年来，按照党中央、国务院的部署，交通行业积极推进绿色低碳转型，我们大力调整运输结构，推广新能源交通工具的使用，在水上也推进船舶能源清洁化等，取得了积极的成效。但是还存在着不足，特别是运输结构不合理。所以，下一步做好节能、减排、降污的工作任重而道远。我们也深深知道，这是我们全行业上下必须打赢的一场硬仗，也是在交通强国建设中的一场大考。所以，下一步我们将按照国家统一部署，紧紧抓住"十四五"这个关键期和窗口期，统筹发展和减排，整体和局部、短期和长期，系统谋划交通运输领域深度减排战略，明确时间表、路线图和施工图，抓好这项工作。这里面有几个考虑：

一是进一步调整用能的结构，要推广低碳交通装备。二是进一步调整运输结构，大力发展多式联运。三是进一步创新组织模式，采用新的技术、新的方法、新的理念，推动新业态的发展，推动平台经济的发展，提升综合运输的效率。四是进一步推动公共出行，形成绿色的生活方式。五是加强和改进服务，向人民群众提供更多的节能、环保、低碳的交通运输服务。我们认为，实现碳达峰、碳中和是一场广泛而深刻的系统性变革，我部将进一步转变思想观念，加强组织领导，狠抓任务落地，在完善制度标准、加大科技创新、强化监督和改善服务等方面多向发力，推动形成交通运输绿色低碳发展的长效机制。我就回答这些。谢谢。

国家发展改革委胡副主任答。

感谢欧阳委员的提问，受何主任的委托，我代表国家发展改革委汇报有关情况。第一，关于推进建设统一开放的交通运输市场。交通运输是全国统一开放市场的基础支撑和重要组成部分，发展改革委积极推进建设全国统一开放的交通运输市场，重点推进三方面的改革：一是深化铁路等重点领域的改革。主要是推动有序放开竞争性环节和领域的管制，增强市场主体活力，优化行业运作规则，健全行业监管体系，增强发展内生动力和创新活力。二是创新交通运输投融资体制机制。近年来，国家发改委先后出台了多个鼓励社会资本参与交通基础设施建设的政策文件，鼓励引导社会资本参与综合交通发展，取得了实质性进展，形成了一批可复制、可推广的项目。如浩吉铁路、杭温铁路等。下一步，发改委将继续深入推进交通运输投融资体制机制改革，破解社会资本参与交通基础设施建设发展的难点堵点问题，规范发展政府和社会资本合作（PPP）模式，促进社会资本积极参与综合交通运输发展。三是完善交通运输价格形成机制。发改委按照市场化的方向，全面推进交通运输价格形成机制改革，放开竞争性领域价格，这些措施激发了企业积极参与市场竞争、促进行业健康发展。下一步，我们将继续深化铁路等领域价格改革，按照市场化方向完善价格形成机制，灵活反映市场供求和竞争形势变化，同步加强价格行为监管，大力提高运输服务质量和效率，努力降低物流成本。

第二个问题，关于推进交通运输绿色低碳转型。交通运输是能源消费和碳排放的重要来源。据测算，2019年，我国交通运输领域碳排放总量11亿吨左右，占全国碳排放总量的10%左右。其中公路占74%、水运占8%、铁路占8%、航空占10%左右，我国交通运输还处于较快发展阶段，未来交通运输需求仍将在较长时间内呈现增长态势。所以，实现交通运输行业碳达峰任务十分艰巨。按照党中央决策部署，发改委正会同有关部门抓紧起草《2030年前碳达峰行动方案》，推进实施重点领域碳达峰行动。交通运输绿色低碳转型行动是重点领域碳达峰行动之一，发改委、交通运输部正在制定具体行动方案，明确主要目标、重点任务、政策举措。关于具体措施，一是加快形成低碳交通运输结构，二是推广绿色低碳交通设施设备，这方面李部长已经作了详细介绍，我补充两点：1.推进基础设施绿色低碳化建设改造。我们将积极推广京雄城际雄安站屋顶光伏发电项目的成功经验和做法，积极推进具备条件的交通场站屋顶安装光伏发电设施，加快长江等岸电设施建设，2025年底前重点码头要全部完成岸电设施改造。2.强化科技创新支撑。

加快发展智能交通，提升供需精准匹配度，减少运输空驶率、空载率；推进绿色氢能、纯电动等低碳前沿技术攻关，有序推进在地面公交车辆、重载货运车辆、民用船舶等领域示范应用。汇报完毕。谢谢。

欧阳委员说，刚才两位领导回答挺好，对我关注的两个问题，看得出国务院和有关部门考虑比较全面，准备还是比较充分，措施也有力，切合实际，我感到满意。谢谢。

王副委员长说，下面请吕委员发言询问。

吕委员问。

谢谢王副委员长。新冠肺炎疫情发生以来，交通运输行业在扎实做好疫情防控、持续强化运输保障、全力保障国际物流供应链畅通等方面发挥了重要的作用。但是，在调研中我们也发现和了解到目前我国国际物流供应链自主可控能力不强的问题。比如国际货运航线中转场所少、网络覆盖有限等等。我的问题，一是如何进一步充分发挥综合交通运输优势，加快构建自主可控、安全可靠的国际物流供应链体系？二是如何加快发展航空货运，打造《国家综合立体交通网规划纲要》提出的"全球123快货物流圈"？

王副委员长说，这个问题请交通运输部李部长、中国民航局冯局长和商务部王部长来分别回答。

交通运输部李部长答。

谢谢吕委员提出的问题，您提的这个问题是一个重要问题。说实在的，国际物流供应链也是我们的短板和弱项，是我们加快建设交通强国的重要任务之一。习总书记强调，要加快国际物流供应链体系建设，保障我国出口货物出得去、进口货物进得来。党中央、国务院在这方面作了重大部署，目的就是加快国际物流供应链的构建，同时要解决运行中出现的问题。目前，工作都在紧张有序地进行，有效地在推进，取得了成效。下一步，我们重点要做好以下几个方面的工作。第一，需求导向，继续做好国际物流保障的协调工作。第二，问题导向，全力提升国际货运能力。第三，目标导向，发挥示范引领作用。第四，服务导向，加快推进支撑保障系统建设。总之，我们要在党中央、国务院领导下，做好国际物流保障和协调的各项工作。谢谢。

中国民航局冯局长答。

首先感谢吕委员的提问，应该说，关于加强航空货运问题也是我们现在高度关注和亟待解决的问题。近年来，我们国家的国际航空货运能力在保持着一个比较好的发展势头。"十三五"期间，我们国家的国际航空货运运输量年均增长了 6.7%，随着我们国家成为第二大经济体以后，我国国际货运量也是在世界居第二位。但是，距离国家经济社会发展和对外开放的战略总需求，我国国际航空货运能力建设存在着明显的差距。一是从企业主体看，现在我们国家航空货运企业 11 家，企业的规模小，经营业务单一，特别主要的是辐射面也在周边国家和欧美主要市场。在国际货物市场上由于海外设点很困难，所以竞争力不强。在 2019 年，我们国家货运公司在国际航线上的市场份额仅为 34%。从运力结构看，我们现在全国共有全货机 190 架，仅为美国联邦快递公司的 1/4 左右。其中大型货机（100 吨以上载重量的货机）我们只有 43 架，美国联邦快递公司、联合包裹公司分别拥有 95 架和 65 架大型货机。长期以来，我们形成了以客机腹舱运输作为我们国际货运的主要运输方式，客机腹舱大概占了航空运输总量的 2/3 左右。这就带来一个问题，疫情发生以后，我们的国际航线中断，客机腹舱运力无法发挥作用，一度出现了运力紧张，进不来、出不去的问题。这个问题发生以后，也暴露了我国国际货运存在的短板和风险。党中央、国务院高度重视，在 2020 年 3 月 24 日国务院常务会议上对此进行专门研究，交通运输部会同 12 个部门成立了国际货流物流工作专班，民航局专门成立促进航空物流业发展的工作领导小组，按照中央领导的要求，我们积极应对，开辟了货运绿色通道，优化了时刻配置，推出了客改货航班，迅速改变了局面。从去年 3 月到今年 5 月，一共完成了全货运航班 34.2 万班，国际货运航班达到了 25 万班。应该说，目前国际航空货物运输飞不进来、出不去的问题，已经得到有效解决。但是这个问题的短板还在，所以我们下一步按照中央要求，从以下七个方面下功夫：

第一，加快航空物流供给侧结构性改革，推动传统的航空物流向现代物流转型升级，特别是要鼓励货运航空公司与电商、快递企业合作联营，实现规模效益，鼓励发展多式联运，逐步做强做大。第二，尊重市场规律、激活市场活力，打破所有制界限，在赛马中选马，对于具有实力的航空货物物流企业予以政策支持，特别是在竞争中胜出的企业，应给予优势资源配置，将其打造成为能够与国外航空货运企业相抗衡的世界级航空物流企业。也要强调，腹舱带货作为航空货运的主要方式，是经济的，是适合航空公司特点的，疫情过后，我们仍然需要充分发挥客机腹舱的作用。第三，进一步推进与主要贸易伙伴和"一带一路"国家货运航权自由化谈判，更好地便利我国航空货运企业在境外设点布网，打造海外的转运中心，加快构筑全球可达且自主可控的国际物流网络。第四，加快枢纽机场的货运设施改造升级。按照需求，我们想在现有的国际枢纽基础上重点打造郑州、天津、鄂州等国际航空货运枢纽建设，使其能够形成一个航空物流集散的产业集群。第五，进一步优化航空的航班资源时刻配置。根据机场的定位，对货物供应能力强的机场放开高峰时段对货运航班的限制，支持航空公司构建货运的航班波。第六，构建航空供应信息体系平台，提升航空货运的数字化、信息化水平，打造智慧民航。第七，进一步优化航空货运的营商环境，我们想和海关一起，在具备条件的国际航空货运枢纽，实现"7×24"小时通关，满足航空货运快速通关的需求。

总体上讲，民航局将围绕打造"全球123快货物流圈"，充分发挥民航在高附加值、高时效性货物远距离运输方面的比较优势，重点推进以下工作：一是积极挖潜增效，全面提升国内1天送达的服务水平。目前国内已形成了64对城市客运航空快线（日航班量超过24班），覆盖了国内主要城市；上海、北京、杭州、深圳等主要城市间已基本形成货运快线，国内1天送达已形成航线网络基础。下一步，民航将综合利用客机腹舱和全货运资源，进一步提高航班频率和衔接效率，实现货物随到随走；在京津冀、长三角、粤港澳、成渝城市群和重点城市、航空物流枢纽间布局全货运航线网络，加密中西部运输机场，推进通用航空物流网络省际互通、市县互达、城乡兼顾，扩大交通不便地区无人机配送网络，扩大航空货运覆盖范围；推进空铁、空地、空海"一单制"联运模式，加快发展多式联运，打造畅通生产地、加工地、消费地的快速化、多样化、专业化货运通道。二是加强区域合作，着力强化周边国家2天送达的服务能力。随着周边国家与我国贸易联系越来越紧密，越来越多的航空货运企业将周边市场作为拓展业务的主攻方向。目前，我国与周边国家每周货运航班已突破1100架次，基本可以满足支撑周边国家2天送达的航线网络需求。下一步，民航局将引导航空公司优化加密东南亚、俄罗斯、日本、韩国等周边国家航线航班，进一步织密通达亚洲大周边的快运航线网络，夯实周边国家2天送达的网络支撑。三是优化网络布局，积极拓展全球主要城市3天送达的航线网络。欧美是我国重要经贸伙伴，但我国与其主要城市的航线网络有待进一步加强，航班频次有待进一步提高。非洲、拉美地区航线网络覆盖还有空白。下一步，民航局将积极与有关国家加大国际航权谈判力度，增加获取关键航权资源，便利我国货运企业在境外设点布网；加快布局洲际远程航线，推进郑州、天津、合肥、鄂州等国际航空枢纽建设，着力构建安全高效、自主可控的国际航空货运网络，努力搭建支持全球主要城市3天送达的航线网络。

商务部王部长答。

谢谢吕委员，就第一个问题我再补充回答一下。国际物流的畅通安全，对稳外贸意义重大，就拿海运来说，承担了我国外贸约90%的货量、60%的货值，受疫情全球蔓延影响，国际物流不畅引发全球海运集装箱运力供需失衡，运价上涨。比如到美线、欧线，平均上涨超过4—5倍，市场主体特别是外贸企业反映强烈，主要原因有三个方面：第一是海运需求增加。我们统筹推进疫情防控和经济社会发展，率先复工复产，以及稳外贸工作取得积极成效。近期，国外的进口需求也在回暖，我国的出口额自去年6月以来，持续增长，今年1—5月份按美元计，我们的进出口增长38.1%。第二是海外港口效率低，因为他们还在受疫情的影响，所以没有复工复产或者部分复工复产。自2020年四季度以来，欧美港口持续拥堵，船舶滞港时间大幅度增长，比如美西港口约有85%的船舶滞港时间平均超8天以上。第三是自主可控运力不足。外资班轮市场占8成以上，我们只有中运海运占了12.5%的国际海运市场份额。我们在运力的调配、运价的定价方面缺乏话语权。党中央、国务院高度重视国际物流供应链自主能力建设和稳外贸畅通国际物流工作，国务院办公厅多次协调稳外贸畅通国际物流工作，交通运输部会同相关部门做了大量工作，商务部、交通运输部等单位推动出台了稳外贸畅通国际物流的十条政策，这十条政策主要是：加快海外集装箱的回运，因为箱子出去以后运不回来；扩大集装箱的产量，从疫情前每月29万箱，已经提高到目前每月47万箱；积极扩充运力；做好海运市场的监管；加强物流国际合作；加强物流链数字化建设；保障中欧班列安全畅通；增强国际航运自主可控能力；加强推进贸易便利化工作；稳定市场主体合作关系。同时，联动我驻外使馆推动加强国际合作。浙江、广东、上海等地方结合本地实际，也出台了一些帮扶企业的政策。总的看，以上工作对缓解国际物流压力、稳外贸发挥了积极作用。下一步，我们将在国际物流保障协调工作机制下，积极配合交通运输部，重点做好三个方面的工作：一是加强供需对接。推动地方和商会组织外贸企业与国际班轮公司建立合作机制，通过集体议价提高我们的话语权。二是增强自主可控的运力。支持航运企业通过投资、并购、国际合作等方式做大做强，培育更多具有国际竞争力的航运企业。三是深化国际合作。在多双边场合推动加强国际物流领域的广泛合作。我就补充这些。谢谢。

吕委员说，谢谢。实际上，构建自主可控的国际物流供应链体系是一个非常复杂的系统工程，因为很多事情不是我们自己能说了算的，需要方方面面配合和协调。一方面，要加强政府的协调和保障作用。另一方面，要培育具有国际竞争力的大型物流企业，这也是一个非常长期的过程，需要我们持续努力。谢谢。

王副委员长说，下面请蔡委员发言询问。

蔡委员问。

谢谢。要想富先修路，交通运输这几年的大发展，确实对搞活地方经济、提高老百姓的生活水平，对于全国如期脱贫，对全面建成小康社会发挥了重要作用，功不可没。十九大报告对当前和今后交通运输发展要建设交通强国描绘了一幅蓝图。我们在调研当中也了解到：修路是一个好事，但也是一个花钱的事，而且还是一个花大钱的事，修好路以后要维护，还要经常花钱。我们高铁里程达到世界第一，高速公路里程已经 16 万公里，也是世界第一。但是高速公路每公里造价较高，维护也需要一笔费用。同时，在当前减税降费的大背景下，民航发展基金降下来，铁路建设基金降下来，港口建设费取消，还有公路的通行费也降下来，再加上新能源汽车多了，车购税、燃油税也呈下降趋势。从我们了解来看，社会资本投入的积极性并不高。另外，收费公路管理条例，已出台 17 年。当年为了规范收费公路，所以收费的年限是 30 年，现在有的快到期了。下面我想请问，下一步采取哪些有针对性的措施，能够使得我们综合交通运输体系有一个长期稳定的资金保障？第二个方面，采取哪些改革的措施，能够进一步深化收费公路制度改革。既要让群众满意，人民代表满意，也能够保证公路可持续发展。我就提这两个问题。谢谢。

王副委员长说，请财政部刘部长和交通运输部李部长分别回答。

财政部刘部长答。

谢谢蔡委员的提问。习总书记强调要加快形成安全、便捷、高效、绿色、经济的综合交通运输体系。为了贯彻落实习总书记的重要指示精神和党中央、国务院的决策部署，需在现有的基础上进一步加强统筹规划和顶层设计，推动综合交通运输高质量发展。中央财政将做好这几个方面的工作：

第一，继续通过现有资金渠道补齐交通运输基础设施建设领域发展短板。在公路方面，继续通过车购税等资金渠道，支持高速公路和普通国省干线网络的发展完善；统筹农村公路的建设、管理、养护和运营成效等情况，对地方予以支持。补齐农村公路发展的短板，通过成品油收费改革转移支付渠道，支持公路养护。在水运方面，进一步促进高等级内河航道的发展，完善内河航运网络体系。在铁路方面，着力解决铁路运输"最后一公里"问题，全力支持川藏铁路等国家重大铁路项目的建设，保障国家重大战略项目实施。在民航方面，继续通过民航发展基金，支持机场等基础设施建设和支线航空发展。在邮政方面，继续安排资金支持邮政普遍服务和特殊服务，支持国际寄递物流体系建设。第二，加强政策和资金统筹，支持综合货运枢纽体系建设。按照"加快构建以国内大循环为主体、国内国际双循环相互促进的新发展格局"的要求，针对当前综合货运枢纽短板，为进一步推动便捷、高效、畅通、低成本的综合货运发展，财政部会同交通运输部计划在"十四五"时期，创新支持方式，通过竞争性评审的方式，确定部分基础条件好、积极性高、措施切实可行、在国家综合立体交通网中发挥关键作用的综合货运枢纽城市为试点。通过试点，提高多式联运水平、优化投融资机制，形成可复制、可推广的工作经验和成果，进而推动全国综合货运枢纽体系发展，有效发挥综合货运枢纽体系在服务双循环中的重要作用。

  下面回答一下第二个问题——关于收费公路制度改革的问题。收费公路政策有效调动了地方政府和社会资本的积极性，为推动我国公路交通实现跨越式发展发挥了重要作用。随着我国社会经济快速发展，收费公路发展的基础条件和政策环境都发生了深刻变化。收费公路面临大规模集中到期，存量债务规模大，管养成本上升，收费—成本倒挂等困难和问题，收费公路制度需尽快改革完善。我们现在收费公路和以前不一样了，以前除了高速公路，还有大量的普通公路是收费的，现在已经通过财政的支持，基本取消了收费。所以，现在说的都是高等级公路收费问题。考虑到收费公路制度改革，不仅涉及收费公路持续稳定运营、运营主体权益，还涉及老百姓出行体验，事项较为重大。目前，按照国务院有关要求，交通运输部牵头与国家发展改革委、我部等相关部门已经成立工作专班，推动深化收费公路制度改革相关工作。财政部将与有关部门加强配合，对改革所涉及的具体内容，进一步做好深入研究，积极稳妥推动改革。我回答完毕。

交通运输部李部长答。

谢谢蔡委员。针对您提的两个问题我再做一些补充。首先，关于资金的问题。刚才您讲得非常对，交通建设是大好事，但也是花钱的大事，资金是加快建设交通强国的重要保障。改革开放以来，我们国家通过设立车购税、港建费、民航发展基金等专项税费，通过"贷款修路、收费还贷"等融资政策，建立起一整套中央投资、地方筹资、社会融资、利用外资的交通建设投融资模式，有力地支撑了交通运输的高质量发展。下一步，我们要加快建设交通强国，建设的任务依然繁重，资金的需求也是比较旺盛的。同时，我们在融资方面也面临一些困难和问题，比如公共财政投入不足，社会资本投入动力不足，部分行业企业的债务负担比较重。下一步，我们将在党中央、国务院领导下，在财政部的支持下，合作探索新的模式。我想，可能第一是要稳定现有的政策，包括稳定车购税、民航发展基金等交通专项资金的政策，确保中央预算内资金的投入力度，有效稳定交通基础建设资金的基本盘。第二，填补现有政策的空白，特别是像港建费取消以后，统筹利用一般公共预算、中央预算内基建投资研究解决港建费取消以后水运建设资金问题。第三，探索新的支持政策，来增加交通运输筹资融资渠道。

其次，再回答一下关于收费公路制度改革的问题。这是一个重大的问题，我们国家的收费公路制度是在改革开放的大背景下，为了解决有限的财政投入和公路发展迫切需要的矛盾而探索形成的一整套制度。这个制度充分调动了地方政府和社会资本的积极性，推动了我们国家公路实现了跨越式的发展。到2020年底，我国公路的总里程是519.8万多公里，这比1984年收费公路政策出台之前，增加了4.6倍。这其中高速公路的总里程是16.1万公里，稳居世界第一位。特别是在高速公路省界收费站取消以后，全国高速公路实现了"一张网"运行、一体化服务，发挥了"主动脉"的作用。可以说，收费公路政策是适合我国国情的重大政策创新和成功实践，是支撑我国高等级公路乃至整个公路网发展的关键性、基础性制度。随着经济社会的快速发展，我国收费公路发展的基础条件和政策环境都发生了变化，收费公路也面临着公共财政投入不足、管理养护资金难以保障、潜在的债务风险仍然较大、社会资本投入积极性不高等一系列问题。正如刚才蔡委员讲的，需要深化改革了。所以，下一步我们将按照"控规模、调结构、防风险、降成本、强监管、优服务"的总体思路，来探索深化收费公路制度改革，重点是推动修订完善公路法和收费公路管理条例。这里面有这么几个要点：第一，完善总体设计。下一步，我们国家的公路体系还是要坚持以普通公路为主的非收费公路体系和以高速公路为主的收费公路体系两个体系共同发展。但这两个体系当中，非收费公路体系占97%左右，收费公路体系仅占3%左右。这两个体系当中，收费的高速公路主要是向公众提供可供选择的高效率、高水平服务。这个体系我们还是要坚持。第二，健全监管机制。要完善收费公路价格形成和收费标准的动态调整机制。而且要建立到期结算的制度，健全信息公开的制度，也就是收费公路到期以后，到期结算、信息公开、接受监督。第三，完善长效机制。我们要深化研究规划管理、建设管理、投融资管理、养护管理等一系列的长效机制，使得收费公路能够更好发展。正如刚才刘部长讲的，我们和财政部、国家发展改革委等相关部门，正在共同研究制定收费公路改革的方案，下一步经过审议以后，推动抓好落实。谢谢。

王副委员长说，现在还有一些时间，进入自由提问阶段。哪位同志提问？

吕委员问。

首先，感谢王副委员长。《交通强国建设纲要》《国家综合立体交通网规划纲要》，都明确提出人民享有美好交通服务的要求，交通规划要与国土空间规划、区域规划相衔接，要与城乡建设发展相统筹。目前,我们国家的交通无障碍环境取得了显著成就,但是还应当看到,各种交通运输方式与国土空间开发保护统筹协调不够,区域和城乡交通布局都有待优化,在城市群、都市圈协调发展中的交通支撑能力还需要提高,不少地方还存在着断头路、微循环不畅、行人步行、自行车通行、轮椅坡道路不够畅通,无障碍设施不够完善,等等。我想请问一下,下一步如何做好交通运输建设与国土空间规划、区域规划的统筹衔接,更好促进城乡区域协调发展,如何提升步行、自行车的出行品质,进一步完善无障碍基础设施和无障碍交通环境,真正实现交通安全可靠、便捷、顺畅?谢谢。

王副委员长说,这个问题涉及自然资源部和交通运输部,请自然资源部庄副部长先回答。

自然资源部庄副部长答。

谢谢吕委员的提问,您对国土空间规划的关注,我受陆部长的委托,简要回答问题。习总书记指出,将主体功能区规划、土地利用规划、城乡规划等空间规划融为统一的国土空间规划实现多规合一是党中央作出的重大决策部署。总书记还特别强调,要强化国土空间规划对各专项规划的指导约束。相对于国土空间规划,交通基础设施我认为是一项非常重要的基础性、先导性的专项规划。当前,我部按照党中央、国务院要求,抓紧推进全国、省、市、县各级国土空间规划编制工作,同时推进国土空间规划的四个体系,包括编制审批体系、实施监督体系、法规政策体系、技术标准的四个体系建设,其中法规方面也得到全国人大环资委的支持,正在开展国土空间规划立法的调研工作。您刚才提的问题,我们认为目前是存在的,这些问题我们通过几个方面与交通部一起协同推进解决。首先,交通部编制国家综合立体交通网规划纲要的时候,我部深度参与,与全国国土空间规划纲要同步推进。同时我部在分别印发的《省级国土空间规划编制指南》《市级国土空间规划编制指南》中都非常明确,要将交通运输基础设施纳入国土空间规划的总体布局,有利于促进区域协调城乡融合高质量发展。具体而言,重点在三个方面强化统筹衔接：

第一，统筹衔接战略目标导向。按照立足新发展阶段、贯彻新发展理念、构建新发展格局的总体要求，基于我国资源环境承载能力和国土开发适宜性，统筹区域重大战略、区域协调发展战略、主体功能区战略和新型城镇化战略以及乡村振兴战略，突出安全韧性、绿色低碳、开放协调、集约节约、创新智慧、人文宜居等重要目标导向，促进形成主体功能明显、优势互补，高质量发展的国土空间开发保护格局。

第二，注重统筹衔接空间结构。从三个方面来统筹衔接：首先在国家层面，围绕加快构建双循环的新发展格局，结合我国城镇体系的空间布局优化，构建多中心、网络化、开放式、集约型的国土空间开发格局。从传统以点轴驱动的国土空间开发格局，形成一个网络化驱动的格局。依托城市群、都市圈和中心城市、结点城市来支撑交通枢纽的布局，推动我国区域协调发展。其次是在区域层面，按照区域一体化高效集约的原则，着重发展以城市群、都市圈为主体的区域发展单元，加强区域发展单元之间的交通连接，提高综合竞争力。再次是市县层面，坚持"人、城、产、交通"一体化发展。着力提升空间的连通性、可达性和便利性。特别重视以公交引导城市发展即TOD，鼓励城市集约节约、畅通发展。同时，加快推进步行友好城市建设，特别是疫情以后，市民对步行环境要求越来越高。但这个需要在步行环境里优化国土空间的用地结构，解决好不平衡的问题。此外，以县城为中心，完善城乡融合的交通网络，来促进城乡融合发展。我们现在正在研究一些新的土地政策，包括刚才说的TOD导向，需要土地政策的支撑，使交通发展和土地利用一体化相互促进。

第三，统筹衔接资源约束和保障。首先要坚持底线思维，落实最严格的生态环境保护制度，最严格的耕地保护制度和最严格的集约用地制度，守住生态保护红线、永久基本农田、城市开发边界等空间管控边界的要求，促进集约节约用地。其次，我们正在会同交通部门在按照集约节约用地要求，完善新的交通用地标准，对纳入国土空间规划的交通基础设施项目，按照应保尽保的原则保障土地的供给。对国家重大项目，包括像乡村振兴所需要的基础设施项目，我们优先保障供地。

第四，加强实施监督，依托国土空间基础信息平台，在第三次全国国土调查基础上形成全国一张图，在一张图上把所有涉及空间的规划都落上去，这样可以依托国土空间规划一张图，对各项目的实施进行动态的监测评估预警。不光可以进行城市体检，可以进行区域体检，对国家国土开发保护状况能够实时进行评估，促进交通建设与国土空间开发保护相互融合、促进区域协调城乡融合高质量发展。汇报完毕。

交通运输部李部长答。

谢谢吕委员的提问。我完全赞成庄副部长的回答，我们和国土资源部在规划协同方面有着非常好的合作，在编制《交通强国建设纲要》和《国家综合立体交通网规划纲要》的时候，以及现在正在编制"十四五"时期综合交通运输发展规划当中，我们都有效地沟通和衔接。下一步我们还要依靠法规和标准加强衔接，依靠规划和项目实施做好衔接，通过我们良好的工作机制和合作机制做好沟通和衔接。关于步行和自行车出行方面，我们下一步要更新理念、大力倡导绿色出行，建立健全公交优先和慢行优先的政策，完善规划、完善法规，支持步行、自行车等慢行系统。我想重点回答一下吕委员关于无障碍设施和无障碍交通的问题。无障碍环境是老年人、残疾人等群体参与社会活动、提升生活品质、实现自身价值的一个重要保障。党中央、国务院高度重视无障碍环境的建设。习总书记多次作出推进无障碍环境建设的重要指示。近年来，交通运输部认真贯彻党中央、国务院的有关决策部署，加强顶层设计，完善政策措施，强化示范引领，各地无障碍交通的"硬设施"和"软服务"持续优化，老年人、残疾人出行满意度、获得感也在不断增强。但是，总体来看，我国无障碍出行服务尚处在起步阶段，无障碍设施建设和改造的力度还需要进一步加强，服务需要进一步提升。下一步，我们将重点做好以下四个方面的工作：

一是在设施上下功夫，加强无障碍交通基础设施的建设和改造。在"十四五"时期综合交通运输发展规划和专项规划中，我们都进一步明确无障碍设施建设的任务，提出了推进机场、车站、码头、地铁站等客运场站无障碍设施、母婴设施改造，加快低地板公交、无障碍出租车等交通工具的普及和使用，还要推动老年代步车使用规范化。二是在服务上下功夫，提升无障碍出行服务水平。要加快服务模式的创新，加强无障碍信息服务体系建设，进一步提升服务的系统化、精细化水平。要制定完善老年人、残疾人等乘坐交通工具的服务细则，提高专业化、多元化无障碍出行服务水平。三是在标准上下功夫，进一步完善无障碍标准体系。要加快完善铁路、公路、水运、民航、邮政等相关领域无障碍服务标准体系的建设，强化无障碍通行、安全标识、引导标识和服务要求等标准规范，支撑交通运输领域无障碍环境的建设和服务。四是在推广上下功夫，加强宣传引导和经验推广。进一步加强无障碍出行服务的宣传力度，密切关注各地的典型做法，及时总结成功经验和模式，并且加以推广。我们国家建设交通强国的目标，就是要建设人民满意、保障有力、世界前列的交通强国，人民满意摆在首位，无障碍设施是人民满意的一个重要内容，下一步我们将加大力度，把这个工作做好。谢谢。

吕委员说，我对自然资源部和交通运输部的非常温馨、暖心的回答表达真诚的感谢。无障碍环境建设也好，无障碍交通出行也好，惠及社会全体人员，我们充满期待，也相信将来我们会迎来更加融合、更加共享无障碍美好的人文环境。谢谢。

王副委员长说，还有提问的吗？

全国人大代表郅同志问。

我来自中国铁路郑州局集团有限公司郑州北车站，我是交通运输行业的基层代表，我们郑州局集团公司正在和郑州机场深化合作，开展公铁联运试点工作，在基层一线现场感受到人民群众对人畅其行、货畅其流的需求和要求日益增加，但各种运输方式仍存在着衔接不畅的问题，特别是铁路与其他运输方式衔接问题比较突出，比如铁路客运、货运站场与公路及其他运输方式尚存在"最后一公里"的问题，铁水衔接不畅、铁空衔接尚未破解，交通运输方式未能做到顺畅衔接。我想请问一下，下一步将采取哪些措施，解决铁路与其他运输方式衔接的问题？在积极推进铁、公、水、空多式联运方面，将采取哪些具体的措施？谢谢。

国家铁路局刘局长答。

非常感谢郅代表对铁路事业的高质量发展以及对于铁路和其他运输方式衔接方面的关注和关心。党中央、国务院高度重视现代综合交通体系规划建设，先后印发了交通强国建设纲要，国家综合立体交通网规划纲要，为我们构建现代综合交通运输体系、促进铁路与其他运输方式的衔接、发展指明了方向，提供了根本遵循。这几年来发展改革委、交通运输部等多部门联合，先后印发了《关于开展多式联运示范工程的通知》《"十三五"港口集疏运系统建设方案》《关于加快推进铁路专运线建设指导意见》等一系列文件，发挥试点先行、示范带动作用，大力推进多式联运。交通运输部和财政部还投入了专项资金45亿元补助30多个港口集疏运的铁路项目建设，大力推动70多个国家级多式联运示范工程建设。铁路部门抓住机遇，充分发挥铁路长距离、大能力、低成本、低碳、环保这个优势，加强与其他运输方式的无缝衔接和融合发展，深入推进铁路供给侧结构性改革，创新运输组织模式，统筹推动客运枢纽一体化衔接，推动大宗以及中长途货物运输向铁路转移，推动专用线进港区、进园区、进厂区，着力解决铁路与其他运输方式衔接的"最后一公里"的问题。这几年来在客运方面，目前已经有70多个铁路客站实现与其他方式的便捷换乘，有21个铁路客站实现了与地铁安检互认。建设了154个高铁无轨站方便城乡乘坐高铁，建设了上海虹桥、北京大兴、成都天府机场等综合交通枢纽，便于零距离换乘。有7个省会城市、直辖市铁路客站提供了民航候机楼服务。在货运方面，目前已经建成了136个铁路综合物流基地。2018年以来，还投产了241条港区铁路专用线，开工建设14个长江干线港口铁水联运项目，持续提高铁路集疏运能力。"十三五"时期，通过这些工作，以集装箱来看，铁水联运已经增长了3倍。对照建设交通强国，构建新发展格局要求，目前的多式联运发展仍然存在一些短板，特别是规划的衔接不紧密、接口标准不统一、数据共享不到位、规则协同有待加强等问题。

下一步，我们将按照构建现代综合交通运输体系的总体要求，充分发挥铁路在综合交通运输中的骨干作用，重点从四个方面推动铁路与其他运输方式的紧密衔接、深度融合。一是规划落地。刚才，国务委员王同志也特别强调了规划引领。贯彻落实国家综合立体交通网的规划纲要，科学编制好《"十四五"综合交通体系发展规划》和《"十四五"铁路发展规划》。统筹做好铁路与其他运输方式的有机衔接、协调运转，同时还要指导地方政府和有关企业，落实《现代综合交通枢纽体系"十四五"发展规划》和《关于加快推进铁路专用线建设的指导意见》，推动城市综合交通枢纽、铁路专用线建设，一体布局多式联运装备设施，确保规划一张图、布局一张网、推动一盘棋，实现铁路运输与重要港口、大型工矿企业、物流园区等高效的联通和无缝衔接，打通铁路运输和其他方式连接的"最后一公里"。二是法规支撑。加快推进修订铁路法等法律法规，补充完善与其他交通方式融合发展的相关条款。要积极与公路、民航、水运行业的对接，共同制定《综合客枢纽通用标准》《货运多式联运术语》等国家标准，宣传贯彻《铁路专用线设计规范》，建立与其他运输方式相适应的运输规则体系和多式联运的运单格式，真正做到"一单制"运输。按照财政部、交通运输部对于车购税补助地方资金暂行办法的要求，追踪好落实和对项目的评审，更好地发挥财政资金作用，支持铁路多式联运发展。三是设施联通。加快研发适合铁路、公路、水运多种运输方式的多式联运载运和装卸设备，使其成为标准化，利用5G、区块链的技术，提升专业化、标准化、现代化水平，实现多种运输方式高效衔接。推进铁路运输的供给侧结构性改革，鼓励整合多种运输方式，拓展运输服务链条，创新铁路运输产品供给，提供更高质量的综合运输服务。四是信息共享。推进建立多层次的信息互联共享机制，建立和完善数据收集利用、安全管理、交易流通等制度，支持和鼓励多式联运数据共享平台建设，破除多式联运不同方式企业之间的信息壁垒，实现多种运输方式间货运信息互通、数据共享，促进信息流与物流的同步。我们将深入贯彻落实《国家综合立体交通网规划纲要》，加强铁路与各种运输方式的统筹规划和联通衔接，提高综合运输效能，更好地服务经济社会发展，不断满足人民群众对于人便其行、货畅其流的期待和需求。谢谢。

王副委员长说，由于时间关系，今天问答环节到这里，看看国务委员王同志还有什么要说的。

国务委员王同志说，尊敬的栗委员长、各位副委员长、秘书长、各位委员、代表，同志们，这次全国人大常委会专门听取现代综合交通运输体系建设工作汇报，并开展询问。刚才，一些委员、代表提出了非常重要宝贵的问题、意见和建议，充分反映了全国人大常委会和各位委员代表以及全社会对交通强国建设、交通运输工作给予的关心和期待。我们将认真研究好本次会议和今天上午人大分组会议审议时委员和代表所提出的问题、意见和建议，及时提出处理意见，按程序向全国人大常委会报告。一会儿，栗委员长将发表重要讲话，提出明确要求，我们将认真学习领会，在工作中抓好贯彻落实。下一步国务院和各有关部门将在以习近平同志为核心的党中央坚强领导下，深入贯彻落实习总书记关于加强交通强国建设的一系列重要指示要求，在全国人大的监督、支持下，坚决落实好党中央决策部署，加大工作推进力度，加快建设交通强国，为全面建设社会主义现代化强国提供更加有力扎实的支撑。对全国人大常委会和各位委员代表对交通运输工作和交通强国建设给予的关心、支持和监督，再次表示衷心感谢。

王副委员长说，由于时间关系，今天联组会议就到这里，休会。

附件二 云南省人大联组会议专题询问省政府脱贫攻坚工作情况[*]

2019年3月26日上午,省人大常委会常务和副主任主持联组会议,联组审议省人民政府关于脱贫攻坚工作情况的报告,对省人民政府脱贫攻坚工作情况进行专题询问。陈副省长率省政府10个有关职能部门负责同志到会听取意见、回答询问。省人大常委会副秘书长、省人大各专门委员会、常委会各工作委员会、办公厅的负责同志,部分州(市)、县人大常委会负责同志,6名省人大代表列席会议。

和副主任说,按照日程安排,今天上午,举行联组会议,在昨天听取和分组审议省人民政府关于云南省脱贫攻坚工作情况报告的基础上,开展专题询问。昨天听了省人民政府的报告,参加了分组审议,总的感觉这是一个很好的报告。报告用了大量的事实和数据,从10个方面总结了近几年云南省脱贫攻坚工作取得的成绩,从4个方面分析了面临的主要困难和问题,从11个方面对下一步脱贫攻坚工作作出了安排部署。11个方面的安排部署,也体现了贯彻落实习近平总书记在参加十三届全国人大二次会议甘肃代表团审议时提出的"现在距离2020年完成脱贫攻坚目标任务只有两年时间,正是最吃劲的时候,必须坚持不懈做好工作,不获全胜,决

---

[*] 云南省人大常委会办公厅:《云南省第十三届人大常委会第九次会议简报》(5),2019年3月26日。

附件二　云南省人大联组会议专题询问省政府脱贫攻坚工作情况

不收兵"的重要指示要求。在昨天分组审议的时候,常委会组成人员也对报告提出了一些很好的意见和建议,希望在这次审议以后,省人民政府相关部门对报告作进一步的改进和完善。例如,在总结工作的第八个方面"强化统筹脱贫攻坚合力"中,就缺少了驻滇部队参与脱贫攻坚的工作成绩。2016年以来,驻滇部队在脱贫攻坚方面直接投入的资金有2.3亿元,协调的扶贫资金有3.2亿元,同时结对帮扶了354个贫困村、25462户贫困户、98715名贫困群众。这是脱贫攻坚非常重要的一个方面,需要完善到报告中去。自2015年中央扶贫开发工作会议以来,在以习近平同志为核心的党中央坚强领导下,省委、省人民政府坚持以习近平新时代中国特色社会主义思想为指导,强化责任担当,全力推进脱贫攻坚,力度之大、规模之广、影响之深前所未有。三年来,全省实现374万农村贫困人口脱贫,贫困发生率从21.7%下降到5.39%,脱贫攻坚工作取得了重大阶段性成果。同时,我们也要清醒看到,云南今后两年脱贫攻坚任务依然繁重,我们还有181万建档立卡贫困人口,超过全国11个省的总和,贫困发生率还是全国平均水平的3.4倍,剩下的都是贫中之贫、困中之困。所以,省委一再强调,如期全面打赢脱贫攻坚战、如期全面建成小康社会是我们的重大政治责任。今天,省人大常委会联组会议的形式对脱贫攻坚工作开展专题询问,目的是深入贯彻习近平总书记关于脱贫攻坚的重要指示精神和党中央决策部署,认真落实省委工作要求,加大监督力度,与省人民政府和全省各族人民共同努力,高质量完成我省脱贫攻坚任务。为做好这次专题询问工作,根据省人大常委会主任会议的安排,纳副主任率省人大农业与农村委员会深入到昭通市和怒江州,开展了大量的前期调研工作,形成了调研报告,供常委会会议审议参阅。省人民政府高度重视、积极配合,今天,由省人民政府陈副省长率相关部门负责同志前来应询。本次专题询问采取常委会组成人员询问、省人民政府及相关部门负责同志回答的方式进行。询问人认为回答不清楚不全面的,可以进一步询问。提问和回答问题,请紧扣主题、简明扼要。

纳副主任问。

习近平总书记在今年全国两会期间参加甘肃代表团审议时强调:"现在距离2020年完成脱贫攻坚目标任务只有两年时间,正是最吃劲的时候,必须坚持不懈做好工作,不获全胜、决不收兵。""脱贫攻坚越到紧要关头,越要坚定必胜的信心,越要有一鼓作气的决心,尽锐出战、迎难而上,真抓实干、精准施策,确保脱贫攻坚任务如期完成。"2019年是我省打赢脱贫攻坚战的关键之年,省委确定了130万贫困人口净脱贫、2457个贫困村出列、31个贫困县摘帽、7个"直过民族"整族脱贫、实现9个州(市)全面脱贫的任务目标。请问省政府如何按照习总书记的重要指示精神抓好落实,采取什么措施确保完成今年目标任务?

省人民政府陈副省长答。

今年,是云南脱贫攻坚工作关键的一年,是决战之年,省委、省政府已经作出了系统性的部署。在此,我就纳副主任的提问,从五个方面进行回答。

一、进一步完善脱贫攻坚有关标准、程序和政策。众所周知,国家对贫困退出的程序进行了关键性地调整,即贫困县是否退出,由省里进行考核并最终决定,而国家将在省里考核验收的过程中,抽查20%的县,并于2020年之后,由多个部门,特别是统计部门,按照一套科学的、系统的方法对此进行普查,以此检验退出的真实性、准确性,或者说退出的质量和成色。因此,真正的大考,是2020年之后国家的普查。我省贫困退出的程序和标准,必须按照国家的要求,做相应的调整。如果标准定得过高,尤其是偏离了"两不愁三保障",就要出大问题。所以,今年我们必须把相关的标准、程序和有关的一些政策,作进一步的完善。

二、进一步统筹整合好各方资源,更好的为实现脱贫目标提供保障。目前制约我省脱贫攻坚工作的主要困难,不仅仅是资金和资源,时间和行政力量跟不上的约束,某种程度上比资金的约束还要大。对此,省政府将进一步加大统筹整合各方资源的力度。

三、进一步聚焦深度贫困地区、特殊困难群体和重大标志性工

◇ 附件二 云南省人大联组会议专题询问省政府脱贫攻坚工作情况 ◇

程。深度贫困地区即两州（迪庆州、怒江州）、昭通市以及27个深度贫困县。特殊困难群体主要指三个方面：一是11个少小民族和直过民族；二是兜底的"三无人员"；三是"一有两无"人员，即有劳动力，但是无法外出务工、无业可扶人员。这部分人中，低保兜底的问题政府常务会已经做了系统性的安排，即将提交省委常委会审议。少小民族和直过民族脱贫出列的问题，按照一个民族一个方案来解决。"一有两无"这部分人员，在今年政府工作报告里专门有一段安排，即增加公益岗位10万个，主要就是针对这部分人群。聚焦重大标志性工程，就是聚焦易地扶贫搬迁。扶贫搬迁，一种是以进城赴镇为主，另一种是之前"三年行动计划"的那一部分。为确保"搬得出、稳得住、能脱贫"，我们制订了50项具体措施，包括公共服务、社区管理、知识培训等，努力让搬迁群众尽快适应新生活，融入当地社会。

四、扎扎实实做好中央脱贫攻坚专项巡视整改工作。中央巡视整改是一次系统性的体检，找出了我们工作中存在的问题。此外，在省级扶贫成效交叉考核中，在平常的工作中，也都发现了一系列的问题。我们将把这些问题一并纳入中央巡视整改的主线，扎扎实实进行整改。

五、认真做好脱贫退出的一系列考核评估和发布工作。

迪委员问。

我省深度贫困地区整体脱贫的一大制约就是基础设施发展滞后，要实现整体脱贫很大程度上要依赖交通、水利、通信、电力等基础设施的根本改善。请问我省对进一步改善深度贫困地区基础设施有什么打算？特别是像怒江州这样的地方，贫困的区域性和整体性突出，怎样采取特殊措施，加快全面脱贫？

省发展改革委胡副主任答。

省发展改革委高度关注、主动服务、大力支持深度贫困地区基础设施建设，有关情况报告如下：

一、政策措施优先保障。坚持目标导向，制定出台《关于支持深度贫困地区脱贫攻坚实施方案（2018—2020年）》《云南省"十三五"农村电网建设攻坚工程实施方案》等政策措施,聚力改善深度贫困地区群众基础设施需求。交通方面,持续加大对深度贫困地区交通项目的推进力度,重点支持和改善农村扶贫公路、集中连片特困地区进村入户硬化道路建设。水利方面,优先安排建设任务,实施农村饮水安全巩固提升工程,有效提高农村饮水集中供水率、供水保证率和水质达标率,保障民生水利安全可靠、便利可及。通信方面,加大贫困地区网络和农村宽带基础设施建设力度,进一步有效改善通信基础设施。电力方面,大力实施农村电网改造升级工程,切实保障农村民生和生产电力保障,持续解决深度贫困地区低电压、网架不合理、未通动力电等关键问题。

二、资金项目具体倾斜。"十三五"以来,省发展改革委共争取和安排国家、省54个专项资金渠道(不含易地扶贫搬迁),投入27个深度贫困县资金约176亿元(占三年安排资金总量的42%),主要用于支持农村饮水安全、兴边富民、以工代赈、农网改造、农村扶贫公路等方面。交通方面。2016年至2018年,累计向国家发展改革委争取并下达农村扶贫公路中央预算内资金8.02亿元,安排在27个深度贫困县农村扶贫公路中央预算内投资3.01亿元,改建通村硬化道路473.78公里。加紧建设大关至永善、昭通至金阳、丽江至香格里拉、保山至泸水高速公路及怒江州泸水至丙中洛"美丽公路",力争早日建成通车。昆楚大高铁、沪昆客专、云桂铁路等重大项目建成通车,渝昆、保山至六库沿边铁路等16个重大项目纳入国家中长期铁路网规划。兰坪通用机场建设进展顺利,香格里拉机场四期改扩建可研已批复,昭通机场迁建可研行业意见进入司局会签流程,元阳机场预可研已正式上报国家,宣威机场预可研前置文件加快办理,会泽、广南、贡山等通用机场已进入场址核准阶段。水利方面。2016年以来累计安排深度贫困地区农村饮水安全巩固提升工程中央预算内资金9.16亿元、坡耕地水土保持综合治理工程中央预算内资金0.6亿元、中型水库中央预算内资金8.5亿元。深度贫困地区骨干水源工程、病险水库等除险加固力度持续加大;中小及跨界河流得到有效治理,防洪减灾能力稳步提升;农

◈ 附件二 云南省人大联组会议专题询问省政府脱贫攻坚工作情况 ◈

田水利、高效节水灌溉等民生水利明显改善。通信方面。争取国家补助资金3.35亿元，实施"宽带乡村"试点和示范工程、中西部地区中小城市基础网络完善工程。曲靖、昭通、文山等四个州（市）获批成为全国第一批电信普遍服务试点，获得国家补助资金超过1亿元，带动企业投资8亿元以上。迪庆、普洱等四个州（市）电信普遍服务项目成功申报。贫困地区行政村、自然村网络服务力度持续加大，农村宽带基础设施建设实现跨越式发展。电力方面。"十三五"期间计划累计投资330亿元实施农网改造升级工程，2016年至2018年累计完成投资68%，全省农村电网供电可靠率达到99.7%，综合电压合格率达到97.83%，乡村户均配变容量达到1.97千伏安。2019年，国家已下达农网改造升级工程中央预算内投资计划13.5亿元，安排"三区三州"等深度贫困地区的投资计划占总投资计划的98.4%，为全省深度贫困地区整体脱贫提供了有力的电力支撑。

三、支持力度持续加大。全省脱贫攻坚工作已进入决战决胜阶段，下一步，省发展改革委将严格按照省委、省政府的安排部署和本次省人大应询提出的要求，进一步提高政治站位，围绕切实解决"两不愁、三保障"的标准和目标，在政策供给、资金争取、项目安排、力量投入等方面加大对怒江、昭通、曲靖等深度贫困地区的倾斜支持，助力深度贫困地区与全省、全国一道脱贫、同步小康。

省人民政府副秘书长、省扶贫办黄主任答。

怒江是我省脱贫攻坚最难啃的硬骨头，党中央、国务院高度重视，纳入三区三州支持。怒江州脱贫攻坚方案由国务院扶贫开发领导小组和汪洋主席审定，2018年，出台《云南省全力推进怒江州深度贫困脱贫攻坚实施方案（2018—2020年）》，计划总投入232.52亿元。着力实施易地扶贫搬迁、产业就业扶贫、生态扶贫、健康扶贫、教育扶贫、能力素质提升、农村危房改造、贫困村提升、守土强基等"十大工程"。方案体现了"四个倾斜"。一是在组织上倾斜。阮省长亲自挂联怒江州督战、问效，每个季度研究一次，在省级层面整合措施、资金解决突出问题，四位省级领导分别挂联怒江州四个贫困县，省长每季召开一次推进会。建立省级领导年度报告脱贫攻坚制度，示范带动各级各部门尽锐出战。二是在政策支持上倾斜。在生态扶贫、易地扶贫搬迁、健康扶贫和整合使用上给予特殊政策。三是在资金投入上倾斜。中央、省级财政专项扶贫资金和整合涉农资金对凡属"两不愁三保障"有关资金给予全面保障。四是在工作力量上倾斜。易地扶贫搬迁等大项目由省属企业承担，每个县都有三个省级单位和一家省属企业定点帮扶。统筹珠海扶贫协作、三峡和大唐集团帮扶等各类资源支持。今年从省级部门、昆明市选派40名处级干部，下沉到怒江州县乡村增强一线扶贫力量。省委、省政府把怒江州作为脱贫攻坚"硬骨头"，采取硬措施全力支持。

张委员问。

易地扶贫搬迁是云南脱贫攻坚的标志性工程，是一场真正的硬仗。请问：1."十三五"期间计划完成99.5万贫困人口易地扶贫搬迁任务到目前完成了多少？剩余的其他贫困人口的搬迁将采取哪些具体措施？2.对像昭通、怒江及会泽等这样有数万人大规模集中搬迁入城的地方，怎样解决产业的布局、学校、医院的布点问题？确保这些人能"搬得出""稳得住"？

省发展改革委胡副主任答。

关于第一个问题，"十三五"期间经扶贫部门识别认定，全省规划搬迁建档立卡贫困人口99.5万人，约占全国的10%，居全国第三位。今年，是全省易地扶贫搬迁工作的决胜之年，要全面完成99.5万建档立卡贫困人口搬迁任务。目前，2016年的30万人、2017年的20万人已全部入住；2018年的15万人，入住率达80%，将在4月底前全部入住；余下的34.5万搬迁任务已全部开工建设，并在7月底封顶断水、10月底基本完工、12月底搬迁入住。为了确保如期完成建设任务，省委、省政府按照"省负总责、市县抓落实"的工作机制，建立"四个体系"：一是合力攻坚的指挥体系。在省扶贫开发领导小组和省易地扶贫搬迁工作推进协调小组的统一领导下，成立了省易地扶贫搬迁攻坚战指挥部，并充实了工作力量,指挥部办公室人员由2017年的11人增加到目前的46人。二是精准全面的政策体系。政策涵盖了人往哪里搬、钱从哪里筹、地在哪里划、房屋如何建、收入如何增、生态如何护、新村如何管等问题,并组织开展了政策培训,确保基层理解政策到位,执行政策到位。三是保障有力的要素体系。资金方面,易地扶贫搬迁所需资金约576亿元,由省级"统贷统还",且已经基本拨付到县,实现了"应拨尽拨";同时,对于2016年省下达搬迁计划任务内整改调出不符合搬迁条件的建档立卡贫困人口,其建房补助、基础及公共服务设施所需资金37.16亿元,由省级全额给予了补助。用地方面,在土地利用规划管理、城乡建设用地增减挂钩、新增建设用地计划指标、用地审批等方面,出台了一系列超常规、"含金量"高的支持政策,实现了用地指标"应保尽保"。建设方面,建立了"双点长"制,推行了工程建设总承包制,加强了建材价格监管,在确保工程质量的前提下加快建设进度。四是从严从实的监督体系。省发展改革委建立了"党组成员包州市、处级干部包县区、全体干部挂点联户"的督导工作机制,对有搬迁任务的县进行了全覆盖督导,在此基础上,委党组成员、厅级领导对17个重点县(市、区)驻县、蹲点、入户抓易地扶贫搬迁工作,在一线发现问题,一线协调解决问题。

关于第二个问题,客观上讲,万人以上的城镇集中安置点确实面临着安置房"建不好"、老百姓"搬不出"、入住后"稳不住"等风险和隐患。对此,省委、省政府印发了《关于进一步做好易地扶贫搬迁工作的指导意见》,将搬得出、稳得住、逐步能致富的目标细化实化为"50个有",确保每个安置点至少有1项主导产业辐射带动,每户贫困家庭有1份承包地流转收入、有1份安置区资产收入,有劳动能力的贫困家庭有1人以上就业。下一步,我们将按照省委、省政府的部署要求,将工作重心从搬迁安置向稳定脱贫、有序融入转变,指导和督促各地逐项抓好落实。一是加强工作指导。组织开展万人以上集中安置点的风险评估,并制订出台集中安置点以奖代补、基础及公共服务设施配套、产业就业扶持、社区治理等4个配套政策文件。二是切实保障资金。按照既不随意降低标准,也不盲目拔高标准,更不能搭车和搞政绩工程的要求,省级将安排下达基础及公共服务设施补助资金86亿元,支持县城集中安置点建设必要的基础设施和基本的公共服务设施。搬迁任务完成后,易地扶贫搬迁相关剩余资金可用于对建档立卡贫困人口的后续扶持。三是配套基本公共服务。为了确保搬迁群众享有便利可及的基本公共服务,按照"缺什么、补什么"的原则,全省已在安置点配套建设学校875所、卫生室925个。下一步,昭通、怒江和曲靖3个大规模集中搬迁入城的州(市),还将新建或改扩建幼儿园54所、中小学48所、社区卫生服务中心或服务站84所。四是配置产业和就业。产业和就业是保障贫困群众稳定脱贫的治本之策。我们将按照"以岗定搬、以业定迁"的要求,结合全省"八大重点产业"发展,指导大规模集中搬迁入城的昭通、怒江和曲靖3个州(市)做好安置点产业布局和劳动力转移就业。对于迁出区,主要是盘活耕地、山林地和宅基地,在保障搬迁群众在迁出区土地承包权、集体收益分配权和相关惠农政策的同时,鼓励和支持龙头企业、农业合作社流转和开发承包地,因地制宜发展种养殖业,据规划,昭通市、曲靖市和怒江州流转土地并建设特色农产品基地近17万亩。对于安置区,主要是做到"三个配置",即:配置商铺、停车场等近40万平方米,发展物业经济;配置扶贫车间近10万平方米,解决群众就近就业;配置保洁、保绿、保安、护林员、护草员、河道管理员等公益性岗位,解决好就业困难家庭的就业问题。最后,感谢省人大常委会对易地扶贫搬迁工作的关心。衷心希望省人大常委会一如既往地关心支持我们的工作,多提宝贵意见。

任委员问。

我省不仅脱贫攻坚任务重,巩固脱贫成果任务更重。去年已有374万人、48个县脱贫有望摘帽,今年还将有130万人、31个县脱贫摘帽。防止返贫、巩固脱贫成果渐成为能否打赢脱贫攻坚战的关键。请问:如何综合施策、建立长效机制,巩固脱贫成果,防止出现返贫?此外,农村低保与精准扶贫怎样做到有效衔接,做好兜

◈ 附件二 云南省人大联组会议专题询问省政府脱贫攻坚工作情况 ◈

底保障工作?

省人民政府副秘书长、省扶贫办黄主任答。

云南省脱贫攻坚工作之所以引起党中央、国务院高度重视,除了我们省贫困人口多、贫困面广、贫困程度深,目前全国部分有脱贫攻坚任务的省区市已转入抓脱贫成果巩固提升阶段,而我省既要一手抓脱贫摘帽,一手抓巩固提升。围绕巩固脱贫成果、提升脱贫质量,防止返贫工作从五个方面重点抓:一是摘帽县仍坚持党中央明确的"四不摘",不摘责任、不摘政策、不摘帮扶、不摘监管。二是对摘帽县继续实行督查检查和一年一度对党委政府的扶贫开发成效考核。三是今年将按国务院扶贫开发领导小组的部署,组织对所有建档立卡脱贫户开展"回头看",全面落实脱贫后的巩固提升计划和帮扶脱贫措施。未摘帽县、非贫困县也要把脱贫户的巩固提升措施纳入项目库,进入工作机制。四是加强返贫监测,完善动态管理机制,实行精准识别,及时解决好返贫问题,对因病返贫人口及时纳入帮扶。健全社保兜底政策,建立保险、救助等风险防控机制,对失去劳动力的贫困人口,要通过加强社会综合保障,健全"失血"救助,提供兜底保障。五是做好脱贫攻坚与乡村振兴战略有机衔接,把贫困退出的县、乡、村作为乡村振兴建设重点优先扶持,将乡村振兴在资金、项目、人才、技术等方面的支持政策,优先向扶贫重点区域倾斜,以乡村振兴战略的实施带动脱贫攻坚,以脱贫攻坚的实效助力乡村振兴。

省民政厅张副厅长答。

省民政厅将紧紧围绕"两不愁、三保障"和"社会保障兜底一批"的目标任务,聚焦"四个衔接",落实农村低保兜底保障职责任务,切实做好兜底保障工作。一是加强对象衔接。聚焦对象精准,将完全丧失劳动能力和部分丧失劳动能力且无法依靠产业就业帮扶脱贫的建档立卡贫困人口纳入低保或特困人员救助供养范围,实行政策性兜底保障,做到应保尽保、应养尽养。严格低保条件,规范入户调查、民主评议、公示公开程序,加强对基层基础信息录入、管理的监督指导,依托省居民家庭经济状况核对平台严格实行逢进必核、把关增量，定期全库比对、复核存量，双管齐下提高低保对象精准度。二是加强标准衔接。2019年至2020年，全省农村低保标准实行年度动态调整，省级农村低保指导标准不低于当年我省贫困户退出人均纯收入标准。各州（市）人民政府按照不低于省级指导标准研究制订本辖区内农村低保标准，确保脱贫攻坚期农村低保标准既要不低于国家扶贫标准，也要避免增幅过高不可持续。三是加强政策衔接。统筹各类救助、扶贫资源，将政策兜底保障与扶贫开发政策有机结合，形成脱贫攻坚合力，把符合低保条件的建档立卡贫困户按程序纳入低保范围，保障好他们的基本生活；配合扶贫部门把符合扶贫政策的农村低保家庭，按程序纳入建档立卡范围给予扶持，避免简单"一兜了之"。脱贫攻坚期内，对纳入农村低保的建档立卡贫困户，人均收入超过扶贫标准但仍低于农村低保标准的，宣布脱贫后可继续享受农村低保政策，做到"脱贫不脱保"；人均收入超过农村低保标准的，给予一定的渐退期，帮助他们稳定脱贫。四是加强管理衔接。做好农村低保对象和建档立卡贫困人口定期核查，实现省城乡社会救助信息系统和扶贫开发信息系统数据共享，实行每月定期分析比对。严格落实动态管理要求，定期分析异常数据情况，持续抓好异常数据清理，形成异常数据核查的定期化、常态化，确保异常数据全部动态清零。协同做好脱贫攻坚考核评估、督查巡查等有关工作。

黄委员问。

产业支撑是贫困户实现稳定脱贫、增收致富的根本途径。当前一些地方在产业扶贫上还存在着领导重视不够，办法不多，项目选择雷同、产业小散弱，没有形成有效带贫机制的问题，甚至还有以简单的发钱发物代替发展产业的情况，造成农户增收渠道窄，收入不稳定。请问怎样进一步采取措施，破解产业扶贫中的这些难题？

省农业农村厅谢厅长答。

2018年以来，我省把产业扶贫作为重中之重的工作，全力推动政策落实、责任落实、工作落实。先后建立省政府分管领导召集的周专题会议和联席会议制度，召开了全省产业扶贫工作现场会，出台了《云南省特色产业扶贫三年行动计划》。开展龙头企业与建档立卡贫困户绑定发展，专业合作社等新型经营主体与建档立卡贫困户绑定发展的"双绑"利益联结机制。制定《云南省产业扶贫工作考核办法》，建立产业扶贫考核体系，取得了明显成效。一是产业覆盖面不断扩大。覆盖有产业发展条件的建档立卡贫困人口664.5万人，占有产业发展条件建档立卡贫困人口总数的98.4%。二是新型经营主体覆盖面稳步扩大。与有产业发展条件的建档立卡贫困户建立利益联结机制的新型经营主体数量达3.8万个，覆盖有产业发展条件的建档立卡贫困人口611.9万人，占全省有产业发展条件建档立卡贫困户总人数的90.8%。三是龙头企业带贫能力有明显提升。龙头企业带动283万建档立卡贫困人口，占新型经营主体带动总人口的46.2%。虽然贫困地区产业得到初步发展，产业扶贫取得了一定成效，但是也要清醒认识到，我省产业扶贫还存在问题。一是产业选择精准度不高，市场对接不通畅。二是利益联结质量不高，主体带贫能力不强，带贫效果不明显。三是对产业发展的长期性认识不高，产业扶贫定位不够精准。今年，农业农村厅将聚焦深度贫困地区和计划摘帽县，坚持问题导向，坚持精准施策，坚持有机衔接乡村振兴，不断破解制约贫困地区产业发展难题，把产业扶贫作为最稳固、最根本、最持久的脱贫路径，带动贫困群众持续增收、稳定脱贫，为实现乡村振兴打下坚实基础。重点从以下几个方面谋求突破：

一是不断提高认识，加大统筹协调力度。深刻认识产业扶贫工作的重要性和长期性，切实增强新形势下加快产业扶贫工作的责任感和紧迫性。各级各部门必须把思想统一到中央、国务院和省委、省政府的决策部署上来，要进一步提高政治站位，坚决做到"两个维护"，不断增强政治担当、责任担当和行动自觉，切实推进产业扶贫工作。制定出台《关于进一步加强产业扶贫工作的指导意见》，实行厅领导挂联27个深度贫困县，加大产业分类指导力度，进一步完善项目库建设，抓好产业扶贫考核，持续推进全省上下齐抓共管落实产业扶贫的良好格局。

二是强化分类指导,提升产业扶贫质量。尊重产业发展规律和市场规律,坚持市场导向,突出产业长效带动作用。立足产业基础和各地资源禀赋,因地制宜发展特色农业,推动形成"一村一品""一县一业"。制定出台《关于创建"一县一业"示范县加快打造世界一流"绿色食品牌"的指导意见》。重点围绕八大产业发展,全力推进打造世界一流"绿色食品牌"。指导选准产业扶贫项目,因地制宜发展对贫困户增收带动作用明显的特色产业,变"山区瓶颈"为"资源优势"。拓展延伸农产品加工业、农业服务业,实现种植养殖、生产加工、流通销售等全产业链一体化发展,形成多产业叠加、多领域联动、多环节增效的新格局。充分挖掘农业和农村多种功能和价值,大力发展乡村旅游业,创新发展具有民族和地域特色的乡村手工业,叫响一批"土字号""乡字号"特色产品品牌。

三是培育经营主体,完善利益联结机制。大力培育新型经营主体,完善贫困户与新型经营主体的利益联结机制,打通产业到户的精准扶贫路径。充分发挥不同类型新型经营主体的各自优势,加强分类引导、精准扶持。依托龙头企业、农民专业合作社、家庭农场、经营性农业服务组织等新型农业经营主体,充分发挥村级组织作用,建立联动发展的经营机制,构建公平合理的利益联结机制,提高贫困群众的参与度和受益度,推动小农户与现代农业发展的有机衔接。积极培育农户的主体意识,让农户不仅成为产业发展的受益者,而且成为产业发展的参与者,充分激发脱贫攻坚的内生动力。

四是强化综合服务,健全为农服务体系。依托县级供销、农业、林草等部门,加快构建新型为农服务体系。积极开展财务核算、政策咨询、供求信息、技术培训等综合服务。依托各类涉农院校、科研院所和推广机构技术团队,充分发挥20个省产业技术体系的作用,组建各级产业扶贫技术专家团队,着力解决产业发展中遇到的技术难题。认真落实贫困户产业发展指导员制度,发挥产业发展指导员针对贫困户产业发展的联络协调指导服务作用。及时发

◇ 附件二 云南省人大联组会议专题询问省政府脱贫攻坚工作情况 ◇

布贫困县带贫经营主体特色农产品上市信息和采购商需求信息，实现供需信息对接。积极做好今年6月在昭通、迪庆两地举办的贫困地区产销对接活动。

五是衔接政策制度，巩固脱贫攻坚成果。总结推广脱贫攻坚的成功经验和做法，落实五级书记抓乡村振兴的要求，确保做到压实责任，队伍不散，力量不减。围绕县有项目库、乡有路线图、村有施工图，提升完善产业扶贫项目库，衔接乡村产业振兴的项目安排和需求。建立健全投入保障机制，确保财政投入与脱贫攻坚和乡村振兴目标任务相适应。出台相关支持政策，撬动金融和社会资本更多投向农业农村，把更多金融资源和社会资本配置到包括产业发展在内的重点领域和薄弱环节。推进行业内资金整合与行业间资金统筹相互衔接配合，增加县级自主统筹空间。加强执行监控，提高产业扶贫资金使用效益。持续巩固脱贫成果，助力乡村振兴。

徐委员问。

贫困地区特别是深度贫困地区饮水安全问题是我省脱贫攻坚中的一个重点，也是难点，省政府已连续4年把农村饮水安全巩固提升工作列入10件惠民实事，做了大量工作，但目前仍有上百万农村群众还在喝水窖水，有的饮水还要靠人背马驮。请问省政府实施的农村饮水安全巩固提升工程进展如何？怎样加大力度解决贫困地区饮水安全问题，确保当年退出贫困人口的饮水安全？

省水利厅周副厅长答。

一、农村饮水安全巩固提升工作现状。省委、省政府高度重视农村饮水安全巩固提升工作，省政府连续多年将农村饮水安全列入10件惠民实事。按照省人民政府批准的《规划》，云南省水利厅党组高度重视，高位推动，农村饮水安全巩固提升工程进展顺利，成效显著。截至目前，全省共争取中央预算内投资19.4亿元（全国第一），已下达投资计划47.5亿元。2016—2018年，全省累计完成农村饮水安全巩固提升工程投资81亿元，占规划总投资52.86亿元的153.2%；已巩固提升1363.3万农村人口饮水安全保障水平，占规划受益人口1782.8万人的76.5%，其中巩固提升建档立卡贫困人口270.6万人。"十三五"时间过去60%，任务完成75%以上。2018年底全省农村集中供水率达到92.89%，自来水普及率达到89.5%，农村饮用水水质接近全国平均水平。

二、当前农村饮水安全尚存在的主要问题。（一）部分人口仍然饮用水窖水。由于自然条件和建设成本制约，水窖仍然是农村供水的重要设施。截至2018年5月，全省农村尚有水窖供水人口285.7万人，其中单靠水窖供水人口147.5万人，水窖辅助供水人口137.2万人。水窖供水人口主要集中在文山、曲靖、昭通、红河、保山等地。（二）省级补助资金筹措困难。国家明确农村饮水安全实行地方政府行政首长负责制，农村饮水安全巩固提升工程投资以地方为主负责落实。在积极争取中央预算内投资（19.4亿元）的同时，省级加大力度筹措补助资金，"十三五"以来，已下达省级投资计划14.3356亿元，实际到位9.3216亿元。目前尚有省级补助5.014亿元未落实到位。

三、下步主要工作。（一）提前完成"十三五"规划。按照省政府2018年8月1日专题会议要求，今年提前完成云南省农村饮水安全巩固提升工程"十三五"规划，完成剩余419.5万农村人口饮水安全巩固提升。（二）加大力度解决贫困地区饮水安全问题。一是投资向贫困地区倾斜。在前三年倾斜的基础上，农村饮水安全巩固提升工程投资计划继续向贫困地区倾斜。尤其是中央新增投资计划，将重点用于深度贫困地区。二是实行动态管理。按照《云南省脱贫攻坚农村饮水安全评价细则》，联合省扶贫办，精准识别存在饮水安全问题的建档立卡贫困人口，并优先将解决贫困人口饮水安全问题的工程列入县级项目库，确保优先实施。建档立卡贫困人口饮水安全问题解决后，在全省扶贫大数据平台中及时销号。（三）继续提升水质。坚持农村饮水安全巩固提升工程建设、水源地保护、水质检测评价"三同时"制度，按照《云南省农村饮用水水质提升行动计划（2017—2020年）》确定的目标任务，继续与卫生计生部门开展水质提升工作联席会议，全力推动农村饮用水水质提升工作。（四）坚持监管并重。认真执行《云南省农村饮水安

◈ 附件二 云南省人大联组会议专题询问省政府脱贫攻坚工作情况 ◈

全巩固提升工程中央预算内投资专项建设管理办法》，进一步加强我省农村饮水安全巩固提升工程建设管理，保障农村饮水安全工程建得成，用得上，管得好，全面指导全省农村饮水安全巩固提升工作，为脱贫攻坚提供有力行业支撑。

陈委员问。

农村危房改造是脱贫攻坚的重要工作，阮省长政府工作报告提出2019年要完成农危房改造"清零"任务，凸显了这项工作的紧迫性。我省"农危改"工作取得了很好的成效，但突出问题是还不够精准，有的地方危房认定在实际执行中存在标准不一、或高或低的情况，该定为危房的没有定，而不该定的又定了，还有按要求危房改造要做到"一户一策"，但在一些地方并没有很好落实。请问怎样进一步采取措施，做到坚持标准、精准实施，完成2019年农危房改造"清零"任务？

省住房和城乡建设厅马厅长答。

农村危房改造作为实现脱贫攻坚"两不愁、三保障"的一项重要指标，打好脱贫攻坚农村危房改造攻坚战，实现住房安全有保障，对深入贯彻落实党中央、国务院和省委、省政府重大决策部署，决战脱贫攻坚意义重大。

一、基本情况。2016年底全省4类重点对象危房总量97.7万户，2017年已完成32.34万户，2018年已完成40万户，共计安排资金158.11亿元。2019年计划完成剩余的25.38万户，截至2月底，已开工17.94万户，开工率为70.69%，竣工10.82万户，竣工率42.63%；统筹推进非4类重点对象无力建房户危房户23.69万户，已竣工10.49万户，竣工率44.28%；同时组织实施已享受过补助又再次成为危房的4类重点对象2.94万户，已竣工8600户，竣工率为29.25%。

二、任务目标。定量目标：今年6月底完成4类重点对象存量危房"清零"，9月底完成动态新增4类重点对象和非4类重点对象无力改造户危房"清零"。定性目标：决不让农危改成为脱贫攻坚的否决项。

三、政策和标准制订情况。先后出台《中共云南省委、云南省人民政府关于加快推进全省农村危房改造和抗震安居工程建设的意见》《中共云南省委办公厅 云南省人民政府办公厅印发〈关于加强全省脱贫攻坚 4 类重点对象农村危房改造工作的意见〉的通知》《云南省人民政府办公厅关于推进非 4 类重点对象农村危房改造的指导意见》和《云南省农村危房认定技术指南（修订）2018》《云南省农村危房修缮加固技术指南（修订）2018》《云南省农村危房修缮加固技术验收指南》《云南省农村危房改造档案管理模板》《云南省住建厅关于进一步加强脱贫攻坚 4 类重点对象危房改造质量安全管理的通知》《云南省脱贫攻坚 4 类重点对象农村危房改造工程竣工验收管理大纲》《云南省脱贫攻坚 4 类重点对象农村危房改造口袋书》等系列配套文件和措施，为开展好农村危房改造工作提供了支撑。

四、资金争取和省级配套情况。2019 年中央提前下达我省的中央财政农村危房改造补助资金为 57.11 亿元，占全国总资金预算 185.15 亿元的 30.85%，排名居全国第一，省级按 1∶0.5 配套，安排资金 28.55 亿元，共下达资金 85.66 亿元。2016 年、2017 年连续两年综合考评排名全国前 5 名（2016 年考核第 5 名、2017 年考核第 2 名），受到国务院办公厅真抓实干成效明显地区通报表彰奖励，获得中央奖励资金 6.2 亿元。

五、工作指导督导情况。一是指导深度贫困地区任务重、问题多的县在现行补助标准的基础上，整合涉农资金合理确定危改户补助标准，足额保障各地 4 类重点对象存量危房"清零"资金，确保 4 类重点对象存量危房应纳尽纳、应保尽保、应改尽改，对深度贫困县的非 4 类重点对象无力建房户给予资金支持。二是对在危房认定和改造技术上仍有困难的，省住建厅组织专家技术队伍及时赴现场进行直接帮助认定和指导工作。三是选调 60 余名云南省建设投资控股集团有限公司一线施工技术专家赴现场开展危房技术要点分析和现场施工示范实操培训。四是指导各地组织技术力量研究推广适合本地农房结构特点的经济适用的加固改造技术，科学编制"一

◆ 附件二 云南省人大联组会议专题询问省政府脱贫攻坚工作情况 ◆

户一方案"、严格控制新建房屋面积,减轻政府和农户的危房改造筹资压力。五是抽调 5 名经验丰富的实职处长和机关干部、技术专家组成 5 个工作指导组划片区工作负责,每两个月一次深入未脱贫退出县督促指导精准认定危房、落实"一户一方案"、加强政策宣讲和实地帮扶指导等工作,及时纠正各地在农村危房改造工作开展过程中存在的问题,防止政策"跑偏"。六是每年度组织 16 个州(市)和当年脱贫退出县住建部门开展交叉检查,发现问题,促进各地的交流学习,同时压紧压实州(市)、县、镇三级责任。七是组织 17 个危房改造工作开展较好的已脱贫退出县"一对一"帮扶农村危房改造困难问题较多的未脱贫退出县,共同分析研究存在问题,制订工作措施,防止危房改造政策"跑偏"及工作措施落实不到位。

王委员问。

从我省财政预算执行情况分析,各地普遍存在扶贫资金支出进度不理想的问题。从各地实际执行情况看,因扶贫项目前期准备工作不够充分,项目进度滞后,导致部分扶贫资金沉淀在基层难以支付。部分地区为了加快扶贫资金支出进度,将资金拨付乡镇财政所后拨入专户,既没有形成实际支出,也加大了资金监管的难度。请问为解决这一问题采取了哪些措施?效果如何?下一步有什么更为有效的措施和办法?针对贫困县对省级财政涉农资金在统筹整合上还存在的"不能整""难落实"的情况怎样解决?

省财政厅张厅长答。

一、加快扶贫资金支出进度,主要采取了三个方面的措施,进行标本兼治。一是完善制度。制定印发《云南省财政专项扶贫资金县级结余结转综合治理办法(试行)》,明确各级各部门在财政专项扶贫资金结余结转中的责任,明确规定催办、督办时限,确保财政专项扶贫资金及时拨付,形成有效支出;完善绩效评价办法,建立"花钱必问效,无效必问责"的机制,通过绩效管理督促加快资金下达和支出。二是采取有力举措。主要包括:要求各级财政部门据实调整扶贫项目资金安排，加快政府采购办理程序，及时拨付项目支出进度款，及时办结工程项目结算和决算编制审核业务，合理调整预留工程质保金比例，执行阶段性报账制，加快扶贫项目审计、评审、报账工作进度等措施切实加快涉农资金支出。三是加强督导指导。省财政厅派出工作组对一些支出进度较慢的地区进行督导指导，经过不懈努力，2018年财政专项扶贫资金结转结余率降至3.71%，2017年及以前年度财政专项扶贫资金结转结余实现清零，全面完成向省委省政府承诺专项扶贫资金结转结余率控制在8%以内的目标。2018年全省财政涉农资金结转结余率也降至9.92%，控制在财政部要求20%的目标值以内。

  下一步，我们将采取更有力的措施，确保扶贫资金及时拨付，精准对接项目，加快项目建设和资金支出进度，加强资金绩效管理和监管，确保扶贫资金安全规范使用，确保有效资金用在刀刃上，用出效果来，为打赢脱贫攻坚战提供有力支撑。一是经过省委省政府同意，以省委办公厅、省政府办公厅名义印发实施《关于进一步加强扶贫资金管理的实施意见》，从加强项目库建设、优化政府采购、加快扶贫项目招投标进度、加快扶贫资金下达进度、优化扶贫资金使用、提高财政资金预拨比例、创新扶贫资金调剂使用机制、严控扶贫资金县级结余结转规模、明确扶贫资金县级结余结转责任等方面全面推进扶贫资金下达、支出和使用进度。二是加强全方位督导指导。省财政厅将会同省直有关部门，加强对县乡扶贫资金与扶贫项目对接、加快扶贫项目建设和资金使用进度、加强扶贫资金使用管理监督进行全面督导指导，督促基层加快资金使用，提高资金使用效益。三是充分用好扶贫资金动态监控平台强化日常监控。以财政部统一开发部署的扶贫资金动态监控平台为基础，建立简便实用、实时同步的扶贫资金动态监控平台，实现扶贫资金指标及时下达，上下级政府间指标贯通，适时预警资金支出情况，实现对扶贫项目资金全面真实、准确实时的动态监管，促进扶贫资金及时拨付，加快使用。

  二、推进贫困县统筹整合使用财政涉农资金实质整合采取的主

◈ 附件二 云南省人大联组会议专题询问省政府脱贫攻坚工作情况 ◈

要措施。2018年,按照省委省政府的统一部署,经省政府常务会议审议通过,我们制定印发《关于推进财政涉农资金省级源头整合支持贫困县脱贫攻坚的意见》,通过改革资金的省级分配方式、下达方式,改革行业部门工作重心,改革绩效评价方式等政策机制设计,破除阻碍整合的体制机制性障碍,一定程度解决了县级"不敢整、不能整、不会整"的问题。从2018年到2020年,实行财政涉农资金省级源头整合,用统一的"云财整合"文件把资金直接下达到县级政府,充分下放权限,由县级政府统筹用于精准扶贫,全省88个贫困县全部实现实质整合。从实施的效果看,贫困县资金统筹能力显著增强,贫困县使用资金更加精准,改革取得了明显成效,得到财政部和国务院扶贫办的充分肯定,被《中国财经报》列为2018年中国财政改革与管理创新八大亮点之一。今后,我们将加强对下指导,进一步完善体制机制,加强指导督导,深入推进财政涉农资金统筹整合。一是编制贫困县统筹整合财政涉农资金操作指南,总结推广经验做法;二是细化实化整合措施,督促指导各地编制财政涉农资金统筹整合使用方案,加强县级扶贫项目库建设与使用,加强财政涉农资金统筹整合使用方案与脱贫攻坚项目库、年度扶贫计划的有效对接。三是开展调查研究,及时发现整合中存在的问题,及时采取有效措施解决,确保贫困县财政涉农资金整合取得实效,确保集中资金力量支持打赢打好脱贫攻坚战。

常委员问。

从当前我省就业扶贫工作情况来看还存在贫困人口转移就业组织化程度不高、转移就业培训率低,培训与市场对接有空隙,对一些"短、平、快"就业扶贫项目研究重视不够的问题,如城市家政服务,就业容易,只需短期培训即可上岗,很适合农村贫困群众,但却远不能满足需要。国家今年提出了"就业优先"政策,请问我省如何在贯彻落实就业优先中,专门针对就业扶贫研究抓好一批"短、平、快"项目,以更有效地促进贫困群众增收和就业?

省人力资源和社会保障厅杨厅长答。

我们将通过以下四个方面来促进贫困劳动力就业。一、大力推进就业扶贫车间建设。我们将结合地方产业，利用乡镇、村集体空闲场地和易地搬迁集中安置点大力发展就业扶贫车间，力争每个贫困县至少建成3个以上、每个贫困乡镇至少建成1个以上，吸纳贫困劳动力就近就业。二、鼓励返乡创业带动就业。我们将积极推进贫困县返乡创业园建设，加大创业扶持政策支持力度，引导各类人员到贫困县创业，力争在返乡人员较多的贫困县至少建成1个农民工返乡创业园，带动贫困劳动力就业。三、推动组织化劳务输出。我们将继续深化东西部扶贫劳务协作，扩大劳务输出规模；进一步摸清贫困劳动力的底数和意愿，做好组织发动；结合特色产业和人力资源优势，打造推广一批劳务品牌，以品牌带动转移就业；鼓励支持输出地党委、政府在务工人员较为集中的城市或地区建立劳务工作站，为外出务工人员提供持续帮扶；对有组织输出到户籍所在县以外地区就业的贫困劳动力，给予一次性交通补助，对开展有组织劳务输出的人力资源服务机构、劳务经纪人，给予就业创业服务补贴。四、加强乡村公益性岗位开发。将进一步加大保洁、保绿、协管等乡村公益性岗位的开发力度，就近吸纳大龄、残疾、失地等贫困家庭劳动力就近就业。今年，全省拟开发各类乡村公益性岗位10万个以上。同时，我们将积极做好易地扶贫搬迁群众的就业服务工作，今年将在5000人以上的易地扶贫搬迁集中安置点或有条件的安置点设立20个以上"就业创业服务站"，确保搬迁群众"搬得出、稳得住、有事干、逐步能致富"。将继续加大贫困劳动力技能培训力度，根据贫困劳动力的能力素质、就业意愿、务工去向、岗位技能要求、市场（企业）需求，结合地方特色，开展针对性培训，以及鼓励用工企业和培训机构到贫困地区开展订单、定向、定岗式技能培训，方便贫困群众根据自身情况进行"菜单式"选择，提高培训的实效性。将结合人社行业扶贫"清零行动"，确保实现对有培训意愿的建档立卡贫困劳动力培训全覆盖，今年将培训建档立卡贫困劳动力70万人次，以技能提升促进就业率的提高。

李委员问。

我省在教育扶贫上做了很多工作，成绩值得肯定，但是由于贫

附件二 云南省人大联组会议专题询问省政府脱贫攻坚工作情况

困地区特别是深度贫困地区教育基础薄弱,历史欠账多,办学条件差,教师队伍不足等,"控辍保学"形势依然较为严峻。请问:在解决好"控辍保学"和防止"因学返贫"上还应采取什么过硬措施?

省教育厅周厅长答。

昨天上午,李副省长在报告中指出:"义务教育阶段,全省仍有辍学儿童 7417 人"。其中,小学 282 人,初中 7135 人。这是去年 12 月底的情况。今年寒假前后,我们加大了控辍保学工作力度。截至今年 3 月 25 日,有辍学儿童 3406 人。近年来,我省主要采取以下 6 个方面的措施狠抓控辍保学工作。

一是省人大常委会高位推动控辍保学步入法治化轨道。2017 年 9 月至 10 月,省人大常委会高规格组成 6 个执法检查组,由副主任和担任过州市主要领导的同志担任组长,对 16 个州市执行《义务教育法》和我省实施办法的情况进行检查。检查组深入我省老少边穷地区的 16 个县、35 个村,走访 1427 家农户,抽查 1367 名适龄儿童少年入学情况,提出了一批建设性意见和建议,有力推动了我省控辍保学工作步入法治化轨道。

二是省委、省政府将控辍保学纳入贫困县退出的硬指标。我省将县域内义务教育基本均衡通过国家验收,列为贫困县退出的 6 项指标之一,把辍学率纳入县域义务教育基本均衡发展评估的"一票否决"指标,把适龄孩子辍学作为贫困户贫困退出的"一票否决"指标,形成了贫困县脱贫摘帽必先抓均衡发展、抓均衡发展必先抓控辍保学的工作格局。

三是建立联防联控联保责任体系。细化各级各部门控辍保学具体责任,规定县乡政府组织学生入学和控辍保学的工作流程。每学年度,省、州市、县三级教育部门层层签订控辍保学目标责任书。建立政府、教育部门两条线和县、乡、村、组四级目标管理体制,以及县领导包乡、乡镇干部包村、村干部包组、组干部包户"四包"工作责任制,压实联防联控联保责任,强力推进控辍保学工作。

四是建立控辍保学月报告和约谈制度。我们建立了控辍保学工作月报、季报制度和约谈制度，及时掌握各地精准组织入学、精准劝返复学、精准控辍保学的状况并严肃结果运用。今年1月底，陈舜副省长在昭通和昆明召开控辍保学约谈会议，对全省辍学人数较多的10个县市区政府主要领导进行约谈。省政府教育督导委员会和省教育厅加强常态化督导检查，根据月报和随机督查情况，适时对控辍保学工作不力的县级政府和州县两级教育部门进行约谈。

五是大力推进依法控辍保学。2018年3月，省教育厅、省司法厅在总结兰坪县依法控辍保学经验的基础上，出台了《依法督促监护人送适龄儿童少年接受义务教育试行办法》，明确提出采取宣传教育、责令改正、行政处罚、申请强制执行或提起诉讼"四个程序步骤"依法控辍保学。西盟县、丘北县等地依法控辍保学的案例产生了积极影响，有力维护了国家义务教育制度和适龄儿童少年的受教育权利。

六是实现了建档立卡贫困户学生"上学有保障"。义务教育具有强制性、统一性、公益性等特点，"义务教育有保障"作为"两不愁、三保障"脱贫目标之一，国家和省已建立了"两免一补"、营养改善计划等保障政策，实现了建档立卡贫困户学生"上学有保障"。在"三区三州"的怒江实施学前和普通高中免保教费、学费和适度补助生活费，迪庆实施14年免费教育。同时，我省还建立了从学前教育到高等教育全学段覆盖、保障有力的非义务教育的学生资助体系，从制度上保障了不让一个学生因家庭经济困难而失学。在高等教育阶段，通过采取"贷、奖、助、勤、减、免"等措施，确保建档立卡贫困户学生完成学业。恳请省人大常委会及其各位领导、各位委员，一如既往关心支持我省控辍保学工作。我们将严格按照这次会议审议意见，进一步落实责任，加大依法控辍保学力度，重点是督促县级政府对造成适龄儿童少年辍学的监护人"应诉尽诉"，努力向"一个不少"的目标迈进。

李委员问。

这几年我省在村级卫生室建设上做了大量工作，但这么多的村卫生室建立配齐后,怎样充分发挥作用,不但要建好,更要管好、用好,这是做到"有地方看病、有看病的人",实现"小病不出村"的关键,请问对此有何考虑?有什么样的措施?

省卫健委杨主任答。

村卫生室是基层医疗卫生健康服务的网底,承担着农村居民常见病、多发病的基本医疗服务和计划免疫规划、传染病筛查报告、妇女儿童保健、健康教育等基本公共卫生服务以及家庭医生签约服务。一直以来,村卫生室为保障全省农村居民的健康作出了重要贡献。村卫生室的管理水平和服务能力直接关系到广大农村居民的就医感受和身体健康,是健康扶贫的关键环节和前沿阵地。近年来,我省通过持续推进村卫生室标准化建设,全省13446所村卫生室在2018年底已实现建设全面达标。全省13446所村卫生室全面覆盖全省11902个行政村,共有39412名在岗村医,为广大农村居民提供着最基本的医疗和公共卫生服务。但由于人员素质起点偏低、执业岗位吸引力不足等多方面原因,还存在服务能力水平不高、执业不规范等问题,与基层群众的期盼相比还有较大差距。下一步,我们将从加强村卫生室和村医制度管理、村医能力提升、提高岗位吸引力、提升村医执业荣誉感等方面入手,着力提高村卫生室管理能力,提升村医的服务水平,使村卫生室、村医成为广大农村居民信赖的"健康守门人"。

一是进一步完善村卫生室和村医的管理制度,改进农村居民就医感受。制订出台《云南省村卫生室管理制度》,从"六要四有"十个方面规范村卫生室和村医管理。具体内容包括:环境要卫生、着装要整洁、服务要热情、作息要严格、台账要规范、执业要依法、管理有制度、看病有登记、用药有处方、收费有收据等方面。

二是通过对村医实行"乡管村用"管理,进一步提升村医的岗位吸引力。今年起,全面推进"乡管村用"的村医管理机制,逐步将村医纳入乡镇卫生院临聘人员管理。乡镇卫生院受县级卫生健康行政部门委托负责辖区内村医的业务指导和管理,按照《劳动合同法》相关规定,与村医签订劳动合同,明确各自权利和义务,并妥善解决村医养老保险转移接续。乡镇卫生院招录人员时，优先招聘取得执业助理医师以上资质的乡村医生。鼓励有条件的地区在绩效分配等方面对取得执业助理医师以上资质的村医给予倾斜，鼓励设置村医岗位补助。

三是实施村医学历提升工程，开展村医服务能力提升培训。2019年起，实施村医学历提升工程，分年度分年龄段按比例对55岁以下的村医进行中专学历提升，通过培训使全省55岁以下的4726名在岗村医全部达到中专及以上学历。培训学制3年，按照每人每年学费1800元的标准，个人承担20%，剩余部分由省级安排专项资金2041.63万元给予补助保障。开展村医全科执业助理医师考前培训，提高考试通过率。每年为全省每所村卫生室培训1名卫生技术人员，主要培训各种适宜技术，包括常见病、多发病的诊疗，常见慢性病的管理，健康教育，中医药服务技术，常见诊疗技术操作规范等，有效提高村医服务能力和水平。

四是提升村医的执业荣誉感。拟从省委、省政府层面制定出台《关于加快新时代云南卫生健康人才队伍建设发展的实施意见》，每年从在村卫生室执业20年以上的在岗村医中，遴选100名作出突出贡献的优秀乡村医生，给予物质奖励，鼓励优秀医务人员扎根基层，成长为业务骨干。每年从在村卫生室执业30年以上且业绩优异的在岗村医中遴选100名给予表彰，由省政府颁发证书，提升村医的职业荣誉感和社会地位。继续与省总工会联合开展村医疗休养活动，彰显政府对基层村医的关心和关爱。

高委员问。

中共中央已提出将2019年作为"基层减负年"，中央在脱贫攻坚专项巡视后也发现了我省在脱贫攻坚工作中还存一些形式主义、官僚主义的问题。请问怎样按照中央的部署，在脱贫攻坚工作中切实减轻基层负担，整治形式主义、官僚主义，提高脱贫质量，让云南脱贫成效经得起历史的检验？

省人民政府副秘书长、省扶贫办黄主任答。

2018年，按照党中央部署，在省委、省政府领导下，全省扎

◈ 附件二　云南省人大联组会议专题询问省政府脱贫攻坚工作情况 ◈

实开展扶贫领域作风问题专项治理，取得了较好效果。省扶贫开发领导小组专门制订了实施方案和治理扶贫领域形式主义等若干规定，从严从实整治形式主义，从精简填表报数，杜绝数据多头录入，规范基层台账档案，精简各类明白卡，统筹督查检查工作，严格考核频次，切实精简各类会议，减少发文数量作出明确规定等十个方面，特别是规定省级脱贫攻坚督查检查和考核统筹进行，每年一次督查、一次考核，为减少重复考核，明确规定省考州市县、州市考乡、县考村不得重复考核。省扶贫办除国家安排的工作外，我们切实做到没有对下新增填表报数。由于扶贫领域形式主义和其他领域一样具有的复杂性、反复性，检查、督查多的问题没有从根本上得到解决，强调帮扶留痕、户户做档案、明白卡越做越多等形式主义仍然存在，有的州市县督查检查频次没有减少，有的地方还搞模拟考评，擅自增加表册填报等加重基层负担的行为时有发生。3月11日，中共中央办公厅发出《关于解决形式主义突出问题为基层减负的通知》，明确提出了将2019年作为"基层减负年"，这充分体现了习近平总书记心系基层、关爱干部的党恩厚情，表明了党中央坚定不移全面从严治党、持之以恒狠抓作风建设的坚定决心，树立了为基层松绑减负、激励广大干部担当作为的实干导向。我们将认真按照中央和省委的安排部署，对困扰基层的扶贫领域形式主义问题进行大排查，着重从思想观念、工作作风和工作方法上找根源、抓整改，以实的作风、实的措施、实的成效，把树牢"四个意识"、做到"两个维护"的要求落到实处。

和副主任说，刚才12位常委会组成人员围绕"两不愁、三保障"，着力攻克深度贫困堡垒等方面，从不同的角度对我省脱贫攻坚工作情况进行了询问，省人民政府及相关部门负责同志作了回答，陈副省长作了表态发言。询问和回答重点突出、实事求是，回应了人民群众和社会各方的普遍关切，展示了攻克深度贫困堡垒、如期打赢脱贫攻坚战的坚定信心和决心，达到了预期目的。专题询问始于"问"，不止于"答"，关键是把承诺落到实处。询问结束后，请省人大农业与农村委员会及时汇总整理常委会组成人员的审议意见和专题询问提出的问题，由省人大常委会办公厅按程序送省人民政府研究办理。跟踪督办的工作，也由省人大农业与农村委员会具体承担，在今年第四季度要对落实情况进行一次集中调研。当前，云南仍然是全国贫困人口和贫困县最多、贫困面最广、贫困程度最深的省份之一。我们必须清醒认识如期打赢脱贫攻坚战面临的艰巨性、严峻性、紧迫性，按照习近平总书记的要求，在省委的坚强领导下，坚定信心不动摇，咬定目标不放松，整治问题不手软，落实责任不松劲，转变作风不懈怠，如期完成脱贫攻坚目标任务。

附件三　福州市人大联组会议专题询问《福州市城市内河管理办法》实施情况[*]

2020年6月29日下午,福州市人大常委会林副主任受陈主任委托,主持召开福州市第十五届人大常委会第二十八次会议。此次会议主要是对《福州市城市内河管理办法》实施情况进行专题询问。

林副主任说,近年来,福州市委、市政府深入贯彻习近平生态文明思想,深入推进城区水系综合治理,提升民众幸福感。全市各级政府及相关部门通力协作,福州市内河治理取得了明显的阶段性成效,2018年11月获评"全国黑臭水体治理示范城市",2020年5月被第二轮中央环保督察组通报表扬。福州内河水系发达,良好的城市水环境三分靠治理,七分靠管理。去年,福州市人大以大会立法的形式,通过了《福州市城市内河管理办法》,作为我市有史以来第一部大会审议通过的实体性法规,《办法》实施一年来,为内河长期有效治理和管理提供了坚强的法制化保障,对实现城市内河水清、河畅、安全、生态的目标,起了积极的作用。今年6月,我们对《办法》实施情况开展了执法检查并进行专题询问,目的是助推市政府和相关部门在内河整治和管理上再上一个新的台阶。昨天上午,市人大常委会执法检查组作了《关于〈福州市城市内河管理办法〉实施情况的报告》,今天下午举行联组会议,以专题询问

---

[*] 《福州市人大常委会〈福州市城市内河管理办法〉实施情况专题询问》,福州新闻网(http://news.fznews.com.cn/zt/2020/fzrdnhglgz/),2020年6月29日。

的方式从不同的视角来探讨在检查中发现的一些问题，以便进一步推动整改落实。

下面，我先说明一下有关注意事项：第一，提问人应该是市人大常委会组成人员和市人大代表，请大家依次举手示意要求发言，经主持人同意后提问，待应询人回答问题完成后，其他常委会组成人员、市人大代表方可示意要求发言，经主持人同意后提问。对同一个问题，在应询人回答后，有需要追问的，请提出要求，经主持人同意后可以追问。第二，询问采取一问一答的方式进行。询问人发言，时间一般控制在5分钟之内；应询人回答问题，时间一般控制在7分钟之内。第三，应询人回答问题要紧扣主题，对题作答，简明扼要。当一个问题需要一个以上或部门回答时，由应询人申请，主持人同意后发言。第四，对于询问人的提问，个别问题应询人无法在会上及时、准确回答的，请有关部门在会后10日内书面答复市人大常委会及询问人。

下面，我介绍一下今天参加会议的市政府有关领导和部门领导。参加今天专题询问的有市政府杨副市长，到会听取意见、回答询问的还有市直有关部门负责人以及相关县区人民政府负责人，他们是：市政府蔡副秘书长、市建设局陈局长、市资源规划局二级调研员吴同志、市园林中心杨主任、市水利局陈局长、市生态环境局游局长、市城管委林主任、市交通局陈局长、市应急管理局陈局长、市文旅局翁局长、市联排联调中心张主任、鼓楼区人民政府黄区长、台江区人民政府代区长陈同志、仓山区人民政府梁区长、晋安区人民政府林区长、马尾区人民政府陈副区长、长乐区人民政府蔡区长、闽侯县人民政府王县长、连江县人民政府郑县长、市水务集团董事长陈同志、市城乡建总总经理傅同志、市新区集团总经理吴同志。列席今天会议的还有：市人大各专委会委员，部分市人大代表，各县（市）区人大常委会负责人、建设局分管领导等。

现在，《福州市城市内河管理办法》实施情况专题询问正式开始。首先，请市政府杨副市长作我市城市内河管理工作及实施《福州市城市内河管理办法》情况报告。

◆ 附件三　福州市人大联组会议专题询问《福州市城市内河管理办法》实施情况 ◆

杨副市长答。

尊敬的陈主任，尊敬的各位副主任、秘书长，各位委员，各位代表，参会的各位同志，大家下午好！十分感谢市人大常委会对福州市城市内河综合管理工作的大力关心和支持，我受尤市长的委托，代表市政府向专询会议报告《福州市城市内河管理办法》实施的情况。2016年以来，福州市按照国务院"水十条"的要求，深入贯彻习总书记任福州市委书记期间提出的方略，系统开展了水系治理。到今天经过一千多天的日夜奋战，社会各界共同见证了治水的阶段性成效。全市44条国家考核的黑臭水体全部消除通过，城区99条河道建成开放，31条支流完成治理。这里我再说明一下，城区99条之外还有一点收尾，马上完成，31条支流之外还有18条待收尾，计划国庆节全部收尾，这是国务院考核之外的。生态效益也非常明显，水清河畅、岸绿景美，连续两年群众满意率均在90%以上，2018年福州市获评全国黑臭水体治理示范城市，今年5月，中央环保督察组向福建省通报的时候表扬两件事，除了莆田木兰溪治理，还有福州水系治理。水系治理三分建、七分管，去年市人大常委会聚焦推动的《福州市城市内河管理办法》于2019年6月1日正式颁布实施，作为全市首部经过市人代会审议通过的实体性法规，本次立法过程中把这一轮城市治水的新理念、新机制都吸收凝练到内河管理办法中。当前内河治理和管理工作的一些实际便于各个职能部门操作，办法在保护和改善城市内河环境方面发挥了重大作用，将内河的管理上升到法治层面，大大提升了我们内河管理法治化、制度化、规范化，为进一步提升内河管理水平打下了坚实的、良好的、长久的法律基础。第一个特点，进一步夯实各方责任，充分发挥《办法》的抓手作用，建立健全以党政领导负责制为核心，市、县、乡、村四级河长制组织体系。同时，牢固树立一盘棋的思想，夯实了建设、自然资源规划、交通、水利、生态环境、园林等各个部门在日常管理过程中的职责分工。通过各部门联动，合力推动，促进内河规范、建设、保护、管理成为一个完整的体系。

第二个特点,进一步明确了建管的要求,在建设管理上对内河建设管理实施严格的生态保护,保护河道历史风貌,维持城市河道的自然景观。在管理体制上,要求各级河长负责组织领导相应河段的水资源保护,这里面我想特别说明一下,因为我们现在福州有"双河长制",我们交给企业河长去做,但是我们"双河长"的职责边界是很明确的、清楚的,所以他们有水资源保护、水域岸线管理、水污染防治,包括水环境治理、河道生态修复等责任,确保河道问题都能够及时有效解决。

第三个特点,进一步巩固治理成效。城市内河管理范围内,对违法行为进行处罚,另外将处罚机制和信用体系进行有效挂钩,对屡教不改,屡罚屡犯的起到了震慑作用。《办法》颁布以来,成为福州市内河管理的重要依据和法律保障,进一步巩固了福州内河治理的成效。这是我简要汇报的整个治理情况,包括三个特点。下面请我们市建设局的陈局长对一些相关的情况再做详细的补充汇报,我先报告到这里,谢谢!

林副主任说,下面请建设局陈局长具体介绍一下我市内河管理工作以及实施《办法》的具体情况。

建设局陈局长答。

尊敬的陈主任,各位副主任,秘书长,各位委员,就会议安排,我就推进落实城市内河管理工作做一下汇报,第一部分汇报一下工作落实情况,主要有几个部分:

(一)夯实各方主体责任,推动双河长制落实。充分发挥《福州市城市内河管理办法》(以下简称《办法》)的抓手作用,建立健全以党政领导负责制为核心,市、区、镇、居四级健全的河长制组织体系,夯实内河管理工作各方责任。一是制定《实施细则》及《内河名录》。市政府于2019年9月12日制定了《福州市城市内河管理办法实施细则》,同步公布第一批内河管理名录,共涵盖111条河、8个湖体,并结合各片区实际,通过护栏、花池绿带、路沿石或地标砖等多种形式的界桩明晰内河管理的边界。二是落实行政河长制。各城区党委、政府为内河日常管理的责任主体,每条河道落实一名属地党政负责同志担任河长,定期巡河,组织开展包括环卫保洁、设施维护、污染源管理、常态化清淤等10项日常工作。目前已有市级河长1名、区级河长61名、镇级河长95名,社区河道专管员116名。三是创新企业河长制。市直各有关部门靠前服务,指导、监督并安排各水系治理PPP项目包担任企业河长,协助行政河长落实河道日常管理的各项具体工作。目前已有企业河长96名。四是强化属地流域管理责任。由各区负责开展好小区化粪池、管网等日常管理和维护工作。五是强化巡逻检查。在双河长定期巡河基础上,通过购买社会化服务,年投入500万元,组建60人的内河水系巡查队实施不间断、动态化、全覆盖巡查,并对巡查发现情况进行规范化整理,形成河道健康"病历卡",自2018年组建以来,发现并纠正了工程建设过程中的各类问题4314件。六是严查违法行为。依据《福州市城市内河管理办法》,联合市城管委制定了《内河和公用设施管理行政处罚裁量标准》,规范了各类涉河违法行为的处罚标准。2019年下半年至今,市建设局共移送市城管委内河案件线索8起,其中立案处罚6起。

(二)严格审批监管,确保水环境安全。一是规范行使审批权限。依据《办法》授权,市、区两级内河行政主管部门依法开展沿河排水口设置、临时占用河流水面、涉河永久性建(构)筑物审查等三项审批。一年来,共审批各类合法排水口11项、临时占用河流水面7项、永久性建(构)筑物方案审查9项。二是做好防汛防台风应急处置。对包括晋安湖在内的所有临时占用河道的建设项目,要求建设单位履行程序,编制相应的防汛防台风应急预案,确保安全度汛,妥善处置突发情况。三是加强排水口监管。在杨副市长的直接指导下,牢固树立系统思维,进一步细化印发沿河新设排水口的指导意见,确保新建排水口及时纳入监控范围,不出现雨污混接情况。目前全市内河共有排水口4379个,已全部挂牌,其中分流制雨水口2694个,合流制雨水口1679个,市政污水处理设施尾水排放口6个。所有沿河排水口现场主动挂牌接受监督这一做法,得到了省委于书记和省生态环境厅的高度肯定。针对现有4座向城区内河排水的市政污水处理设施，均安装了在线监控设备并列入生态环境部门"双随机"抽查清单进行日常监管；截至目前，上述城区4座市政污水处理设施均达标排放。

（三）加强数字化建设，完善科学调度体系。市城区水系联排联调中心受市建设局委托，对全市污水处理厂、河道、雨污管网及全市库、湖、闸、站等水工设施实施统一调度和管理，并充分应用大数据平台和信息化技术建立智慧水务体系，实现了"实时监控、远程控制、智慧管理"。一是建成联排联调科学调度系统，已于2019年建成并投入实际应用，采用NB-IOT物联网、大数据分析、云平台计算等多种现代化信息技术监测、分析、调度，城区排水防涝应急处置效率提高50%，库湖河调蓄效益提高30%，城区内涝有效缓解。二是建设覆盖全市内河的监测和调度软、硬件平台。7月底前计划建成6座二级调度管理平台、246个水质在线监测站、1712个视频监控探头、1328个远程操控单元，现已建成5座二级调度管理平台、129个水质在线监测站、687个视频监控探头以及669个远程操控单元。

（四）坚持规划引领，规范水系保护利用。此前，福州市自然资源和规划局、市水利局已编制了《福州市内河蓝绿线规划》《福州市排水（雨水）防涝综合规划（江北城区、南台岛）》《福州市防洪排涝规划》等。目前，市建设局已按照《福州市城市内河管理办法》要求，委托市规划院为主编制福州市内河专项规划，进一步明确内河功能、竖向标高、管线需求以及通航标准等内容。现已形成初步成果，正结合水系治理"回头看"和"后评估"工作，主动找差距，补短板，计划9月底前编制完成报审。

（五）强化绿化管养，提升沿河环境景观。一是制定景观绿化建设系列技术导则，统一指导内河沿岸绿化建设，并全过程跟踪水系建设，派出100多名技术人员把关园林建设质量。明确沿河绿化管护机制，完成绿化养护单位的招标落地，推动串珠公园和沿河步道精细化管理。

（六）深入宣传发动，构建浓厚护河氛围。市建设局会同五城

◇ 附件三 福州市人大联组会议专题询问《福州市城市内河管理办法》实施情况 ◇

区政府、市直主管部门等联合开展宣传活动，提高法规的群众知晓率。一是拍摄普法宣传片，在电视台、公交、地铁等公共媒体滚动播放。二是全市发放50000余册法治宣传单，让更多的市民了解法规内容。三是通过讲座、交流、咨询等形式入社区、入校园进行宣讲，重点加强对《办法》的禁止性条款和罚则的宣传。四是发挥新媒体优势，利用微信推送普及法律知识，各社区通过法治宣传栏、LED屏等各类基层普法阵地，广泛开展相关法律知识宣传，让《办法》深入人心，让群众知晓并自觉参与到保护城市内河的行动中来，营造人人爱河护河的良好氛围。

第二部分，存在问题和下一步工作计划。虽然福州市水系治理取得了阶段性成效，但我们仍很清醒地认识到，当前的治理成果，离广大代表及市民群众的期待还有比较大的差距，比如：因工程验收时发现河道施工问题需要返工整改，或强降雨应汛等需要，一些河道水质还不稳定。下一步，我们将坚决贯彻习总书记生态文明思想，坚持"一张蓝图绘到底"，把水环境治理和管理这一长期系统的工作，久久为功推进下去，最终实现"清水绿岸，鱼翔浅底"的幸福水系，主要做好以下工作：

1. 全力加快水系治理扫尾，如期转入运维管养工作。目前在建的6个水系项目包已经全部进入扫尾收官阶段，正在开展验收工作，9月底前全部完成验收。2. 全力加快地下管网建设，缓解雨后溢流问题。一是今年内完成排水户全排查工作，规范污水接驳。二是2522公里管网修复工作已经完成2383公里，剩余139公里9月底前全部完成。三是计划年底前建成2000个管网监控点，实现动态管理，目前已建成595个。四是今年内再新建污水主干管52公里，新增2座提升泵站，雨污水支管194公里，增加市政设施的覆盖面。五是实施污水处理厂扩容工程，开展浮村、金山污水厂扩容工作，增加日处理规模15万吨，解决今后可能出现的污水处理能力不足的问题。3. 全力提高执法水平，强化污染源管理。市建设局、市生态环境局、市城管委继续坚持联合执法，通过利用无人机、随身执法记录仪等手段，快速、精准、及时锁定违法行为，固定证据。同时，在污染源管理方面下重手，进一步强化对排污单位的管理，严格执行按证排污，对超标和超总量的排污单位一律限制生产或停产整治，对直接排污或超标排污的小散乱企业予以取缔关闭，对排放危险废物废水严重污染环境、涉嫌犯罪的，将依法移交公安部门追究刑事责任。4. 全力开展老旧小区改造和城中村连片改造工作。福州市每年初制定老旧小区和城中村改造年度计划。由市房管局牵头，各区负责扎实推进，并重点审查和验收老旧小区内雨污管网改造情况。今年五城区将改造105个老旧小区，同步推进城中村改造。

福州市城区内河已经全面进入管养阶段，我们将继续依据《办法》，进一步细化管养制度框架，强化巡查，严格执法，确保内河实现长"制"久清。同时，我们在城区水系联排联调中心设立了微信公众号，通过主动推送治理信息，介绍治理技术，公示水质监测结果，积极与市民互动。也请各位人大代表继续监督、指导、帮助我们落实内河管养工作，让更多市民共同享有水系治理的成果！汇报完毕。

林副主任说，今年在开展《福州市城市内河管理办法》执法检查工作中，市人大常委会创新检查方式，委托市生态文旅建设单位、城市管理行业、建筑行业、法律行业人大代表联络站、专家学者等自主开展明察暗访，提出一些需要探讨的问题。下面，请市人大代表、市生态文明建设行业人大代表联络站郑站长简要介绍情况并提问。

郑站长问。

各位领导，各位代表，下午好！我是福州生态文明建设行业代表联络站工作人员，今年5月7日我们站8位三级代表对我们的五条内河进行暗访。首先到了三捷河，水质还可以。看了东西河，水动力比较差，水面有漂浮物。白马河是比较好的，到了安泰河，也是水动力比较差，污泥比较多。最差就是琼东河，因为我们站有环保部门的代表，他们查了一下基本上水质在劣IV，比较差一点。我提问一下，我们在执行暗访的过程中，拨通24小时监督平台电话

96133，监督平台以客服方式接听，他们告诉我们平台是河长办监督平台，只能提供反映情况的记录，无法告知相关河长与河道管理员的联络方式，反映情况将在10个工作日内答复，无法找到河长公示牌上的河道专管员。之后，代表说明自己是人大代表开展暗访活动，平台才开始认真回答并通知河长，随后近30分钟，苍霞街道河长（非三捷河河段的河长）电话反馈，态度尚可。针对暗访中发现的这个问题，我想请问两个问题：一是请问台江区政府对代表暗访中发现的问题，下一阶段将如何改进，保证河长制度落实到位，是否还把河长的电话公布在牌子上？二是请问水利局，在明察暗访过程中，发现存在有的河长履职能力和水平还不够，有的河长有名无实发挥作用不够的问题，如何保证河长制落细落实？

林副主任说，这个问题由台江区政府和水利局回答。下面请台江区政府回答。

台江区政府代区长陈同志答。

感谢人大代表对台江区所提出的问题，首先一点我想说明一下，目前为止人大所反映的台江内河存在的一些问题没有反映到我这里，我没有接到这一类的反映，这是第一句话。第二句话，我们台江所有内河的信息牌我亲自检查过一遍，而且我今天特意带来一本叫做《台江巡街巡河手册》，这是我来到台江两个月我做的一本手册，要求所有的河长，包括我们区一级的河长都必须人手一册，按照要求和规定填写，我必须作出批改。这是我说的第二句话。第三个，目前为止区里整体的管理是以管养为主，每次我们下到内河，要解决内河的2至4个问题，所以在这个过程当中如果存在什么问题，我们回去以后继续完善，保证市、区两级河长办同步。我们区河长办按照杨副市长的要求，河长办必须要有人，目前我们河长办有6个人，配备20个专门巡河员，我个人觉得内河的治理主要体现在管理上。所以在这个问题上，我非常重视。刚才人大代表所提到的这个问题，首先我回去调查一下，其次联动机制我负责跟市里面对接好，第三个如果以后遇到此类问题作出第一反应，谢谢！

市水利局陈局长答。

感谢郑代表的提问,我就这个问题进行回答。一、关于河长制上下一般粗的问题,在早期制定河长制实施方案的时候确实存在这个问题,因此市一级的实施方案出来后,县区和乡镇的实施方案基本上按照市级的实施方案来翻版,没有做到根据县区更细、更具体制定实施方案。在今年年初,4月中旬的时候,尤市长专门召集相关负责人讨论这个问题,指示要重新梳理市、县乡级河长的职责以及相关机制。我们在4月27日召开全市河长制工作会议的过程中已经分发了新的职责和机制,明确了市级的副河长有5项职责,县级的河长(县长和县委书记)有4项职责,县级副河长(副县长)有7项职责,乡级的河长有8项职责。经过这次梳理后,就不是上下一般粗的职责问题,这是回答第一个问题。第二个,关于机制问题,这次我们也重新梳理了一下整个河长制工作机制,我们的重点是抓好定期巡河、定期会商、督导交办、举报反馈、明察暗访等8件事,以文件的形式今年已经下发。关于如何落实河长制,让河长提高履职能力这一块。前期我们有一个很好的做法,市河长办联合市委组织部,在市委党校每年举办一期河长培训班,这个培训班是切实有效的,能够提高河长治理能力,包括治理河湖的一些理念和做法,等等。下一步,我们想在落实河长制和考核制度方面,更加严格按照河长制的考核办法对河长进行严格的考核,对不合格或者履职不到位的,我们会及时予以约谈、通报批评等方式来提高河长履职能力。我的汇报完毕!

郑站长说,主持人,我申请追问。

林副主任说,继续追问。

郑站长问。

首先,我刚才听了台江区领导的话,你们没有收到不等于没有,如果需要我提供电话追问询问的时间,我这边可以提供,这是一个问题。第二个问题,城市的内河都树立河长公示牌,请问市建设局是否有计划设立电子显示屏向群众公示内河水质、水流实时数据,谢谢!

林副主任说，这个问题请建设局做个回答。

市城乡建设局陈局长答。

谢谢郑代表，城区内河设立电子显示屏，我们在光明港支河安装了第一块电子显示屏，主要显示一些河道水质的指标参数，背面是治理的理念措施。今年我们按照市里的部署和要求，我们计划还要陆续安装8块电子显示屏，估计也增加了一些功能，包括这个区域的一些文化、实际河道周边具体的内容。后面我们将陆续增加一些，今年计划增设8块。汇报完毕，谢谢！

市政府杨副市长说，林副主任，我申请补充。刚才郑站长非常负责任，受人大委托，而且很专业。刚才提到东西河的动力比较差，我想建设局要好好排查一下，东西河就在儿童医院旁边，总体上这条河水量还是比较足，为什么造成动力差。安泰河实际上在白马河上拆了一块地，安泰河水是死水，我们用一种变通的水来保持它，后来在白马河上增加了一个动力设施，把水打进去再打出来，所以没有经过清淤，我想会后做一些补课。琼东河从鼓楼一直贯穿到台江，这一条河水质比较差，我们也想做一下调查，100多条河里面这么几条河抽查都有不同的问题，应该引起我们的反思。这是刚才郑站长说的。还有讲到河长制落实比较差，我认同现在他这个评价，现在河长制确实落实比较差，会后应该抓好整改落实。这件事也引起王书记和尤市长的高度重视，因为福州市河长制贯彻落实在全省确实做得还不够到位，希望今后不要流于形式，要按照规矩，职责要到位。我想跟郑站长，包括今天在座的各位人大代表表个态，各区回去再检查、再落实，所谓的号码我建议各位区长抽查一下96133电话，如果这个站长等代表去调研，我认为是最真实的写照。我们挂在嘴上所谓的号码是不是真实，我建议也邀请各个区长去查一查，抽查几个，抽查10%看看。第二个刚才讲的能力不足也回去抽查，是不是乡镇街道主任担任河长，如果叫一些临时人员担任河长，当然就能力不足。第三件事情是电子显示屏这一块，我要求重点铺开，今年能否力度再大一点，我带回去研究一下。只要态度端正，工作主动，我相信调研组帮助我们政府发现的问题一定会落实，而且我们河道水质也好，出现的问题也好，河长制也好，都会越来越好的，我就是想作一个表态。

林副主任说，杨副市长刚才讲的非常好，对情况如数家珍。第二个我觉得我们询问的目的就是推动问题的解决。刚才杨副市长讲的几个问题都有明确的态度，我认为这就是我们专题询问的目的，并不是说我们要去挖哪一些东西，钻牛角尖，我觉得大家要明确这个，目的是我们要通过这样的形式来推动问题的解决，助推我们已经取得的成效。我非常感动，对杨副市长表示感谢！下面请常委会组成人员、人大代表继续提问。

市人大常委会吴委员说，主持人，我申请提问。

林副主任说，请吴委员发言。

市人大常委会吴委员问。这个月初，林副主任带领市人大常委会委员、人大代表前往洋里污水处理厂进行实地调研，洋里污水处理中心规范化的管理和先进的模式给我留下很深的印象。城区现有5座污水处理厂，这里想了解两组数据，第一组数据，这5座污水处理厂总的日处理污水是多少？目前每天处理污水是多少万吨？第二组数据是污水处理厂设计的污水进水的浓度是多少？

林副主任说，吴委员提的这个问题请市联排联调中心张同志回答。

张同志答。

第一个数据，大概设计总量是99万吨，现在进水的总量是93万吨。第二个数据，进水浓度这一块，设计浓度在250mg/L，现在全市平均浓度在150—180mg/L，跟全省平均水平178mg/L比还是偏低，这是去年的数据。经过我们三年水系治理，我们通过把污水收集到污水厂，之前没有做截污系统，这里面有坏水的问题，水收到厂里面，也把地下水收进去，还有集中开发的排水送进去，通过雨水管送进去。所以现在外水送到污水厂大概在15万吨左右，15万吨的要赶出来，因为稀释了城市污水浓度。这里面是两个概念，浓度低不代表污水没有全部收到厂里面，实际上是被雨水稀释了，因为整个截污系统第二道防线全部建成以后，河水清了。这件事情,市委、市政府高度重视,进一步关注污水提升的问题,打算用三年的时间把污水浓度提升到全省水平以上,排名在全省第二。这三年行动计划形成8+6的措施,三年内要实施288个项目。这件事情我们在2019年已经在推进了,8个工程措施一个是源头截污工作,这样就减轻了截污系统的压力,这是一个比较重要的数据。第二个是管网建设全覆盖;第三个做分散式的处理,从经验教训证明,我们把污水送到洋里污水处理厂,要把短板补齐,我们计划建设8座分散式污水处理设施,现在已建设完成运行的有4座;第四个是垃圾转运站,现在也把垃圾转运站应收尽收,还有垃圾的收纳,污水系统收集工程;第五还有管网的动态监测这件事情非常重要,之前没有监测系统,不知道污水流到哪里,流多少,水位多少,这方面的数据比较空缺,但是这几年我们实行网格化、节点式把污水的浓度按照节点进行监测;第六项"十四五"要做15万吨预留的工作,这个工作也纳入三年行动计划;第七个管网修理完以后预留;第八个全市大概11万户工作量,今年完成9万户,我们要加班加点把所有排水户建档,用信息化的手段记录下来,像医院、餐饮店、酒店大型的全部装上监控,这个事情也是很重要的,这是八个措施里面一个硬措施。

还有软措施,就是我们的管理措施。第一个合理建设内河水位,因为内河水位高了会倒灌。第二个实施小蓝管制度,地下开挖的时候,地下水抽到雨水管里面,我们要建立一个系统,市政府同意了,市建设局也专门下发了通知,地下水直接排。第三个雨污水处理费用要进行调整。第四个健全排水管理制度,这一块我们现在也在做这个工作,因为老的条例在1999年做的。另外一项是全面实施排水许可,这个工地建完以后,你的污水、雨水要接驳,有专门的人来接,专门的建设局接完以后统一进行验收。最后一个是比较全面的管理机制,"多水合一"的管理机制,把所有的雨水、涝水、污水等全部"多水合一",统一管理,把河道管网和我们污水厂进行一体化的管理,水一定要清,管网一定要健康。这个是全国一直在推的工作,我们福州把这件事情全面管理。回答完毕。

林副主任说，下面请常委会组成人员和人大代表继续提问。

市人大常委会严委员说，主持人，我申请提问。

林副主任说，请严委员发言。

市人大常委会严委员问。

我们在6月3日的执法检查和6月11日暗访过程中，发现仓山金港河、龙津河里面有鼓泡，也有污泥浮到水面上的情况。在实地检查中，周边群众也有反映水质比较差的情况，问一下建设局和仓山区政府这个原因是什么？我们下一步准备采取什么措施？

林副主任说，严委员提的这个问题请建设局和仓山区政府回答。

市城乡建设局陈局长答。

感谢严委员，金港河是新开挖的河道，不存在清淤不彻底的问题，有黑泥上翻的主要原因是雨后溢流，把管道里的一些沉积物和泥冲出来，造成污染。龙津河是水域流速比较慢，容易沉淀发酵，这两个问题的主要原因是由于雨后溢流造成的，我们正在加快管网治理的工作。

仓山区政府梁区长答，非常感谢严委员提出的这个问题，刚才市建设局已经就金港河、龙津河存在的鼓泡、污泥浮到水面的情况做了回答，仓山区政府会配合有关单位一起做好后续的工作，及时地协调，今后不再发生类似的问题。下一步仓山区将全力配合做好河道整治措施的同时，重点抓好以下四个方面的工作。

一是强化责任落实。我区将进一步加强组织领导全面落实好各级的河长制，刚才市建设局已经汇报了，市人大各位代表点出来下一步要把河长制落实好，包括政府的各级河长制要落实好，还有企业河长，真正做到及时发现并且处理好内河运营管理中发现的问题。第二件事要强化日常监管。我区将进一步采用日常巡查、突击检查和随机抽查等措施，及时解决各类破坏内河的问题，包括倾倒垃圾、破坏内河设施等行为。对不配合整改以及违法违规、问题突出的这些行为，我区将加大惩处力度，按照我们市人大通过的管理办法赋予的责权，综合利用停产整治、停业关闭、查封扣押、信用惩戒等措施，依法从严管理，查处到位，营造内河治理管理严管高压的态势。第三件事情强化环卫保洁。我们区将进一步强化对河道及河道周边地区的保洁，会同市水务集团和PPP项目实施单位一起，全方位加强对河道岸线的保洁清理工作。第四件事强化宣传引导。我区将进一步发挥新闻媒体的作用，广泛宣传福州内河管理办法，宣传仓山区内河治理的背景成效和做法，鼓励广大市民举报各类违法违规的破坏污染内河的行为，引导群众积极参与内河治理管养的工作，不断提高爱河护河意识，营造全社会一起来关心支持参与内河环境保护的良好氛围，我的汇报完毕！

林副主任说，提出一个建议，我觉得这两条河情况比较复杂，有它的客观条件，像龙津河旁边是城乡接合部，是不是按照杨副市长之前的表态，由相关部门做好分析调研，我们认为截污不到位是根本原因。能不能排查一下有没有排污口现在还没有找到，所以我想会后能不能借专题询问重点做一个排查，让群众期盼得到解决。因为现场情况我也看过两三次，像冒泡这些问题，就是氧化，污泥晒完以后氧化完变成黑黑的。会后部门再排查一下，特别我们现在建设单位还没有验收，还在施工过程中，我们无主可找是不对的，要引起重视。

杨副市长说，刚才林副主任提及的金港河和龙津河冒泡的问题，相关部门的回答我不是非常满意。我非常赞成林副主任的建议，我过去陪王书记去看过龙津河，治理前实际上就是一个粪坑，中央环保督察组第一轮去跟踪过这个点，最后尤市长暗访也是这条河。今天的情况我认为是阶段性的，所以非常赞同林副主任的意见，我们将专题解剖，看看还有哪些遗留问题。根据我的判断可能确实不完全是雨后溢流问题造成的。今天市建设局和市水务集团董事长都在这里，我想请他们负责，把情况搞清楚并拿出意见。

林副主任说，今天会议现场在专题询问的同时，我们还专门在福州新闻网开辟了网络专题直播页面，进行现场图文直播，同时征集群众的意见。下面请福州新闻网筛选两个问题代为提问，并由相关部门回答。

福州新闻网记者问。

各位领导,各位委员,我是来自福州新闻网的记者。今天下午的专题询问正在通过福州新闻网网上客户端进行图文直播,我们在专题页面上开设留言版块,会后我们将反映的问题由市人大常委会代为交办。截至到现在,页面访问量超9万人次,网友围绕长效治理等关心的问题踊跃提问,接下来代表网友提几个问题。首先第一个问题来自网友"小河湾湾"提出的,最近福州有1块钱游河是非常好的活动,但是我最近体验了一下感觉行程太短。从温泉公园到码头附近,单程只需要10分钟左右,而且文化品位不高,配乐是通俗网络流行音乐。我认为应该放一些福州特色的民乐,比如茉莉花之类。想问一下有关部门在提高内河旅游文化品位和服务质量上有没有什么举措?尤其是今年底世遗大会将在我市召开,提升内河品质更是展示福州文化品质的方面,希望有关部门重视。第二个问题由网友"诚心诚意"提出,我发现有的商铺,比如沿河的洗车店、餐饮店有向内河直排污水的情况,对内河水质造成很大的污染,请问这种情况相关部门怎么管理?谢谢!

林副主任说,第一个问题请文旅局领导做个回答,第二个问题请生态环境局做一个回答。

市文旅局翁局长答。

感谢网友的提问,我们从去年开始陆续开通了晋安河游船和白马河游船,确实正如网友提出来两条内河游船体验感不够,文化内涵有待进一步挖掘。就这个问题我们文旅部门联合我们业主文投集团,这一段时间进一步深入研究,如何把内河游进一步做精。第一,我们进一步深挖内河游文化内涵,目前晋安河从温泉公园到福新中路这一块,确实存在文化内涵不够的问题,我们陆续会植入一些沿河文化的内容。目前来说,在一些重要的时间节点,包含五一节或者春节期间都有一些文化表演,下一阶段要继续把这些内容做好。目前来看,白马河的游船确实还需要进一步提高文化体验感,第二,我们要进一步完善旅游配套设施,刚才提到的从晋安河从头坐到尾游程太短上岸点太少,确实有这样的问题,我们将增设一些停靠点,让游客可以上岸到一些景点拍照、停留。同时,积极建设旅游厕所等,进一步把配套设施完善好,进一步增强游客舒适度。第三,要进一步丰富旅游业态。我们从今年4月1日开始搞"1元游内河",每天晋安河和白马河的游客络绎不绝,一天四五百号人,所以这些活动还是很受欢迎,我们想持续做好。在做"1元游内河"的同时,我们想把业态丰富好,进一步开发夜游晋安河和白马河。同时我们和旅游社对接,把内河游纳入并推广,同时根据今年疫情的情况,我们开展网红带大家游内河的活动。我们要进一步提升内河游文化内涵,提高大家的体验感,真正把我们的内河游做好。我就回答这些。

市生态环境局游局长答。

针对刚才提到的沿河的商铺汽车业、餐饮业向内河直排的情况,这个问题存在确实。根据国家的水污染防治法,生态环境部门对洗车、餐饮业配套的污水防治设施运行情况进行监管,出现超标排放我们依法进行查处。所以为了保证能够做到长效、持续、有效的监管,我们开展了这么几项工作,第一,市、区生态环境部门每个月都开展1—3次内河污染源的检查,重点检查刚才提到沿线的洗车业、餐饮业是否配套污水处理设施,而且是不是做到达标排放。第二,参加市、区政府组织的联合执法,根据我们的职能,查处相关的违法行为。第三,根据12345、12369市民举报和投诉线索,涉及福州城区范围内的违法行为进行认真的查处。近三年来,我们一共对3000多家餐饮行业的隔油池,还有100多家洗车店的沉淀池进行整治。同时市、区两级出台长效管理机制,做到定期清掏、定期监管,可以确保长效、常态。我做简要的汇报,谢谢!

林副主任说,下面请常委会组成人员、人大代表继续提问。

市人大常委会蓝委员说,主持人,我申请提问。

林副主任说,请蓝委员发言。

市人大常委会蓝委员问。

我们组织多次省、市代表视察,正是因为大家对这个期望值很高,在这几次视察中大家都有提到一条内河,就是刚才生态文明建设行业代表联络站郑站长提到的琼东河。我们在检查过程中,听到周边住的群众反映,我也经常经过那里,晴天的时候走在福新路上臭味非常明显,也有发现污水从排水口流进河里,河水也不是很透明。问一下建设局和鼓楼区政府,琼东河整治,水质什么时候可以得到整改?

林副主任说,请福州市建设局和鼓楼区政府回答。

市城乡建设局陈局长答。

琼东河劳动路与福新路交叉口有一个排口,此前主要是五一路污水管容量小,不能满足泵送的需要而外溢,现已改造完成,调整接驳至得贵路污水管,目前问题已经解决了。琼东河今年5月31日所有工作均已落实到位,正在组织验收。

杨副市长说,你是现在看到的吗?

市人大常委会蓝委员答,我讲的是6月之前。

市城乡建设局陈局长答,现在已经完成整改。

林副主任说,我们再观察一段时间。

鼓楼区政府黄区长答。

鼓楼区政府做个回应,首先感谢蓝委员对鼓楼区水系治理的关心、关注、关爱。琼东河的黑臭问题是客观存在的。今年我先后去了5次,5次看到基本是同样的问题。到底是什么原因,归纳起来有这么几个方面的问题:

第一个我们对这里面两个地方进行清淤,一个是省政协泵站这一段,还有正祥中心这一段进行清淤,所以出现内河水质下降、有异味的问题。这项清淤工作5月底刚刚完成。第二个是6月上旬的时候雨天比较多,雨天的时候琼东河也是停止补水,将沿线的排口也打开了,所以雨污合流排放的情况也造成了水质的问题。第三个讲到原来这边只有十一中这一段有一个排口,这个排口由于五一路污水管网的流量很小,所以没有办法满足泵送的需要。现在我们把这个调整接驳到污水管,这个问题得到缓解,但是整个琼东河水系治理目前还剩下一个节点没有完成,就是力宝天马广场门口截流井的安装,本周之内会完成。琼东河整个治理这一周末才能够把整个设备安装好，然后运行一段时间才进入到竣工验收阶段。另外还有一个问题要解决，琼东河沿线鼓楼区的老旧小区特别多，管网老旧问题、污水渗漏问题还在一定程度上存在。等到琼东河竣工验收之后，我们鼓楼区政府还要做后续长效监管，进一步加大力度，推动源头截污治理。从2018年开始我们区里面在全市率先推出老旧小区化粪池的清掏工作，今年大概要清掏2160栋楼体化粪池，从源头方面解决一些管网堵塞和满溢的问题，减少截污的压力。同时，要推进老旧小区的改造，主要是雨污管网分流这一块还要进一步加大力度。第二个方面，我们认为要充分应用智能技术，比如在河道沿岸安装高清摄像头，捕捉行人抛物行为等，还有前面提到的落实河长制，我们区里面在河长制的落实这一块要严格按照市委、市政府的部署，对发现问题实行清单管理、跟踪整改、逐项销号。最后，构建共管、共享机制，同时加强《福州市城市内河管理办法》的宣传，增强市民爱河护河的意识。并通过设立举报电话畅通群众监督渠道，曝光一些违法案例。我就做这些回应，谢谢！

林副主任说，鼓楼区这几条措施还是比较令人期待的，希望进一步抓好落实。下面请常委会组成人员、人大代表继续提问。

市人大代表、市法律行业人大代表联络站何站长问。

主持人，我申请发言。法律行业人大代表联络站接受委托，对《福州市城市内河管理办法》实施情况进行明察暗访，发现在内河沿岸捕鱼、倾倒生活污水、堆放垃圾的现象时有发生。2018年10月我市组建内河巡查队伍，共发现和处理问题4314件，自2019年以来，全市立案5起，查处3起违反《福州市城市内河管理办法》的行为。我想问的是为什么有那么多的违法线索，但是立案查处的却那么少？谢谢！

林副主任说，请城管委做个回答。

市城管委林主任答。

首先非常感谢何代表对福州市内河的关心，关于内河的执法，我想从以下两个方面回答这个问题。第一，根据《福州市城市内河管理办法》实施条例第9条第三款的规定，福州市内河管理日常的维护和管养主要是由建设局下属的内河管理处进行管理。城管委根据行政处罚权相对集中的原则，我们城管委主要是负责建设局移送过来的案件，这是一个问题。第二个问题，从2018年到现在有4314件违法案件，为什么只立案查处8件。根据我到建设局和到内河管理处那边了解，主要都是有的老人在河边洗完菜以后把菜叶扔下去，有的人喝完矿泉水把瓶子扔下去，这一类案件占绝大部分，而且都比较轻微。刚才法规条款规定对这些轻微违法行为主要以批评教育为主，所以移送过来的案件只有8件，都是单位把生活污水管网排到内河去，内河管理处发现制止完以后移到城管委，我们依法进行立案查处。汇报完毕。

市人大代表、市法律行业人大代表联络站何站长问。

我申请追问。有群众反映自己通过12345智慧平台举报个人违反《福州市城市内河管理办法》的行为，但是工作人员到现场没有发现这种情况，有没有什么解决办法？

市城乡建设局陈局长答。

主要像乱倒垃圾等行为，在接到投诉后执法人员赶到现场，可能是现场保洁人员已经进行清理，这个证据没有了。偶尔还有排污问题，可能也是随着河道的冲刷消失了。现在对这项工作我们也鼓励市民通过市联排联调中心微信公众号，采取随手拍的方式进行证据收集。我们主要是对影响水环境、市容市貌比较大的违法行为进行处置，对其余问题进行常态化管理。同时，我们也建立相应的联动机制来治理好。汇报完毕，谢谢！

市人大代表、市法律行业人大代表联络站何站长问。

主持人，我申请再追问。查处违反内河管理办法违法行为通常需要几个部门的联动配合？请问我市有没有建立相应的联动机制规定，保证在发现违法行为的第一时间能够对违法行为进行查处，并提供查询。谢谢！

林副主任说，发现问题要查处，这个机制怎么有效建立起来？

市城乡建设局陈局长答。

我们联动机制已经建设起来，包括介绍的联排联调中心也支持

◈ 附件三 福州市人大联组会议专题询问《福州市城市内河管理办法》实施情况 ◈

鼓励市民采取随手拍的方式固定一些证据。现场主要是前面发现的问题我们很多进行分类，有的是进行现场纠正改正，涉及影响水环境、影响水安全以及影响市容市貌大的一些问题，我们再进行分解，推送到城管、生态环境等相关部门进行处置。整个工作杨副市长也很重视，要求每半个月给市政府报告，发现多少个问题，整改情况什么样。《办法》实施一年来，我们通过中心投诉，微信随手拍的案件总共有63件，主要有乱扔垃圾，沿河张网捕鱼等。汇报完毕，谢谢！

市城管委林主任答。

就这个问题，其实我跟建设局也做了一个充分的沟通，除了刚才陈局长说的以外，我们在讨论的过程当中还提出两个问题。第一我们要建立一个举报有奖制度，充分发动市民一起来管理我们的内河。第二个采用"随手拍"以后，确实这些行为又属于违法行为，我们要充分利用地方政府力量，把这些照片拿来，然后我们上门到家里进行教育，并且给予曝光。

林副主任说，请常委会组成人员和代表继续提问。

市人大常委会郑委员问。

我市城区水系科学调度系统建成投用后，对缓解地区内涝起到了很大的作用。但是我们发现，在短时强降雨后，城市仍存在内涝现象；今年几场大雨过后，城市个别路段出现不同程度积水现象，有的地段存在着长时间的积水，同时浦上大桥、南三环附近、台江路附近也比较容易发生一下雨就积水的现象。请问，我市采取什么措施，能够有效地提升防洪排涝能力，是否将提升城市的防洪排涝能力与内河的整治有机结合起来？谢谢！

林副主任说，请联排联调中心回答。

市城区水系联排联调中心张主任答。

有几个地方有积水，有的半个小时解决，有的要两三个小时，特别是杨副市长前一段时间为了做好调度，做了更加精细的工作。从大的方面先回答一下代表提出的整个城市内涝治理的工作，对于这个问题我们也开展了一系列的工作，通过市委、市政府对防洪排涝的高度重视，用了九大策略，把整个城市防洪排涝方面的硬件进行提升，特别是晋安湖通过深挖，提升了排涝能力，从5年一遇提升到10年一遇。从管理机制上来看，刚才提到5月16日的事情，我们总结了一下有三个方面的原因，第一个方面原因是雨量太大，两个小时下了92毫米，这个降雨量还是比较大的。第二个是水流把树叶集中在雨水井里面。第三个是调度的问题，如果响应太慢了，会造成路面积水。这些事情更加要求我们要分区域、分时段作出精准的判断，在最适合的时间排出去，快速封上排口，保证水质清澈，这对我们是一个非常大的考验，我们现在按照市领导的要求提出了几个方面。第一个硬件方面我们要提高管网的收集能力。一般来讲，一年一遇要提高到五年一遇。第二个对路面的一些树叶，我们要跟城管委一起配合，网格化巡查，迅速清除，让水快点下去。第三个是落实责任，排口由专人统一部署、专人值守、专人开，分阶段，我们精准调度。通过这三个方面，一个提高，一个降低，一个落实，我们确保了排水管网上升到一个更强、更高的水平。我的回答完毕。

林副主任说，这次我们开展《办法》检查专题询问，中国城市建设研究院福建分院院长、市人大代表许同志开展了调研，下面请许代表介绍情况，并询问。

许代表问。

福州市委、市政府非常重视内河工作，目前水质情况显著改善，污水收集取得显著的效果。关键是排口，核心是管网，提高排水管网的质量是消除城市黑臭水体最根本的措施。福州市也通过清淤疏浚、新建截污调蓄系统等科学合理的工程手段，基本上实现了水清河畅，岸绿景美，治理的工作已经完成大半。同时，福州市内河治理成效也遭遇了治理效果反复等一些问题，存在着雨污管网混接和雨天污水溢流导致内河水质产生一些问题。下面就福州市市政污水管网治理工作提出一些问题。福州两年多前开始开展城区市政污水管网修复建档等管网排查工作，想问两个问题，一个是目前福州市各区分别完成多少公里的排水管网排查工作？另一个，在已排查的排水管网过程中完好率和破损率分别是多少？

林副主任说，这两个问题建设局和联排联调中心回答。

市城乡建设局陈局长答。

感谢许院长，修复工作共2522公里，整个工作预计到9月份完成，具体请联排联调中心介绍一下。

市城区水系联排联调中心张主任答。

我们在修复方面做了一些工作，我们对管网的信息进行了排查建档，以前没有信息化，现在把所有数据和病历都建档。修复这个工作是根据排查出来的病害进行开处方，由建设局牵头，由设计院进行设计。修复2522公里已经完成了2383公里，我们还有将近200公里的工作，计划在9月30日前全部完成。刚才许院长提的这个问题，可能更关注修复完以后后续做哪些工作，后续管网这一块，包括大家关注的晴天排污水出来，怎么避免这个事情。我们现在截污做了第二道防线，我们要怎么样让污水少出来。还有两个大事情要做，一个事情是继续提升，一个是立项目，我们跟杨副市长也报告过，做1606个排水单元，现在末端的全部逆向排查，通过这样的截污系统，防线控住了，从这个截污井溯源到源头到底是哪一家做的。1606个全部都要做。这个是属于逆向的。第二个要做正向排查，从人家小区门口一个个排查，后续的修复工作要做这两项工作，深入到老旧小区、商户、餐饮店，一家一家细致地把雨水污水搞清楚。这两件事情我们既要雷厉风行，又要久久为功，我的回答完毕！

林副主任说，请常委会组成人员、人大代表继续提问。

市人大常委会姚委员问。

主持人，我申请提问。福州内河治理采用PPP模式，将全市水系以购买服务的形式委托给包括水务集团、城乡建总等6个专业集团进行综合治理，项目周期是15年，2年建设、13年管养。请问，现在的建设工程已经进入扫尾阶段，何时能够全面竣工验收，PPP工程包中的智能化项目能否按时投入使用、发挥效力？

林副主任说，这个问题请水务集团陈同志做个回答。

市水务集团董事长陈同志答。

我们水务公司负责三个PPP包，一个是包2鼓楼台江片区，一个是包4金山片区，还有包5龙津河阳岐片区。现在为止，这三个在6月底都会申请竣工验收，包2基本全部完成，包4开过预备会，正在准备验收，包5近两天会申请验收。第二个智能化系统在7月底能够完工，发挥智能化水系的智能调度作用。9月份我们基本上完成竣工验收工作。

市城乡建设局陈局长答。

总目标还是6月份全面完成，智慧水务硬件设施在7月份投入使用，现在有的在进行调试，9月份整个验收工作会完成。

杨副市长说，我说两句，根据我们市委市政府的统一部署并向王书记和尤市长专题请示汇报，考虑到疫情影响，主干河道今年上半年基本完工，我们希望把所有的河道以及49条支流国庆节前全部完成，同步验收、移交、整改。今年之内所有的工程不把它带到2021年，2020年之内全部完毕。讲一句简单的话，9月底之前所有主干河道完毕，验收移交养护，所有的支流12月底之前移交验收完毕。目前情况第一包（晋安新店片区）做的比较快，昨天我们还研究探讨这个事情。市水务集团陈同志挑比较难的担子。一个是二包，所谓二包就是鼓楼台江包，最没有施工条件的，原来条件比较差，到今天为止刚才黄区长说了有一点尾巴建不下去了，但我们也要采取强力措施。还有陈董事长负责的龙津这一片，原来粪坑的这种垃圾河，现在两家企业进入了正常攻坚状态，单位领导到福州督战。目前这一块第五包在龙津、跃进河，沿着老仓山区这一带，延伸到老师大这边，这一片河道不多，但是难度很大，而且河道很长，横跨闽江和乌龙江，但是我们还是有信心。二包比较拖沓，我们要求在国庆节前验收完成，这是总的进度把控，在此向各位领导做个补充汇报。我想请各位放心，今天我也算在这里表态，主干河道国庆节之前一定是一条不留，全部要收拾完毕，包括支流也要收拾完毕。刚才琼东河的问题因为工程还在扫尾，还有个别位置拖拖拉拉，这样就会造成某一段可能会断流，一断流水流不通，臭味马上出来。加上周边排口有没有漏网之鱼，我们还要好好排查一下，我做一个补充回答。

市人大常委会姚委员问。

我申请追问，请问一下建设局按照PPP营运的合同如何对重要单位进行考核，谢谢！

市城乡建设局陈局长答。

谢谢姚委员！市建设局建立严格的考核机制，一是设置了内河水系在线监测设备，定期对水质情况进行监测；二是结合市联排联调中心委托第三方进行不定期抽样人工随机监测方式，从随机和固定两个方式进行检查。形成综合评分，从而来保证考核效果。应该说整个体系得到了肯定，我的汇报完毕！

林副主任说，请常委会组成人员和代表继续提问。

市人大常委会陈委员问。

主持人，我申请提问。高水高排工程是市区水系综合治理重要组成部分，但是相对于内河而言，城市对高水高排的知晓度不高、关注度也不高，我想问三个小问题，第一个高水高排工程目前进展情况？二是计划什么时候竣工并投入使用？三是投入使用后对城区的水系综合治理将带来什么好处？谢谢！

林副主任说，这个问题请水利局领导回答。

市水利局陈局长答。

感谢陈委员的提问，确实如您所说高水高排这项工程民众知晓率不是很高，我想借今天这个机会做一下宣传。我们所说的高水高排实际上就是在沿着城区北面、东面、山体，洞径8—10米，泵房层高大概6米左右，非常高。总长从闽侯淮安大桥的上游一点一直到下游的魁岐出口，这是高水高排总体工程框架。这个工程分为东、北、西三个标段来实施，目前工程总体进展如果从投资角度来核算已经完成了工程总投资接近50%，总体隧洞已经完成了20多公里，这是总体工程的进展。这个工程的设计理念或者功能有两块，一块是内河补水，一块是排山洪。这个工程工况比较复杂，特别是引洪入洞这个方式比较先进，我们一般在30—40米的高程建设,末端隧洞顶高程在负10米,而截洪高程在35米左右,也就是说有40米的高差,水量非常大,这个工程特别的复杂。实施过程当中,我们工程又穿越高铁、高速公路以及临近的村庄,还有部队、民房等,这些都是制约因素。比如穿越高铁底下,在高铁运行的时候不能施工,而且对高铁来说工程爆破的进尺要求控制在0.06毫米内,给隧洞开挖带来很大的难度。我们目前工程按照现在的计划,到2021年6月北线先通水,经重新复核,前期受疫情影响,工期影响至少3到4个月,东线那一块原来计划2021年年底,现在按照实际进展拖到2022年3到4月份,北线到2022年那一段我们还有追赶的时间,东线那一块到2021年这段时间想追赶弹性没有,我们会允许施工单位延长工期到2022年。

对城区防涝这一块的作用,我们单单江北城区就有67条内河,整个流域面积145平方公里。由于长期以来内河跟城市发展之间存在瓶颈和矛盾,城市道路也在不断地扩大,开发强度也在增加。但是从来没有内河像道路一样为了提高防涝的标准而进行拓宽,我想在座没有一个人有这个感受。两车道道路不够用拓展成四车道,四车道不够用拓展成六车道,满足出行的需要。原来福州早期排涝标准是24小时降雨24小时排完,后来到了20世纪90年代初期我们提高到5年一遇标准,这次内河整治后,尽了最大的努力把该拓宽的内河拓宽,拆了几百万平方米的房子出来,把排涝标准提高到10年一遇,现在最新的标准要求达到20年一遇。高水高排这个项目落地后才可以使我们的主城区的排涝标准提高到20年一遇。刚才提及隧洞洞径8—10米,东线的排洪能力是每秒90立方米,这个流量相当于现有晋安河30—40米河宽的排涝能力,西线这边还可以排115立方米每秒,东西全部建完以后,排涝标准可以提高到20年一遇,这是排涝能力。补水能力方面,我们在上游西线建设了抽水泵站,按照每秒46立方米的流量往新店上游抽水,储蓄在登云水库,由40多米的高处往下游内河河道输水,整个江北城区的河道生态补水状况就可以得到极大的改善。我们现有文山里泵站补水,仅仅到晋安河以西,以东片区没有,新店片区也补不到水,高水高排完成以后，就可以像洗澡把所有河道从头洗到脚，目前只能洗半截。我就回答这些。

林副主任说，还有一点点时间留给网络群众代表。

福州新闻网记者问。

各位领导，各位委员，接下来我将继续代表网友提几个问题。第一个问题是由网友"金鱼"提出，仓山区白湖亭片区工业园区在雨天会有紫色、绿色等有颜色的水跟着雨水排入河道，是不是存在工业废水偷排的嫌疑？针对这些废水、污水，按照国家水十条有关要求，工业园区要建设集中处理设施，处理以后达标排放，此项工作怎么推动？第二个问题由网友"小镇居民"提出，晋安区新店镇政府门口一条内河水质比较差，尤其是最近天气热了，有一股难闻气味，而且驳岸没有整修，存在脏乱差的情况，请问政府有没有进行治理？谢谢！

林副主任说，第一个问题请生态环境局进行回答。

市生态环境局游局长答。

第一个网友提到白湖亭片区支河下雨的时候有颜色的污水顺着雨水排入河道的问题，我们也接到市民的反映和举报。收到问题之后我们立即组织核查，通过溯源排查和分析研究，我们认为有四个方面主要原因：第一个，一些个别沿河的工业企业管理不善，在生产运输和堆料过程中存在滴洒漏现象，有一些有色色料随意堆放，下雨的时候会冲入到河道，这是一种情况。第二个，周边的污水管网还存在着破损、错接、漏接问题。第三个下大雨的时候，雨水会倒灌到污水井里面，导致污水溢流之后进入到内河。第四个存在网友提到的极个别工业企业有偷排的问题，我们去年以来在这个片区查处两家企业，一家是去年5月份有一家纸箱厂存在有色废水偷排入河，我们开处罚金10万元，而且还把它加入企业诚信档案里面。还有一家塑料加工厂，在对塑料的废料加工过程中产生紫色、绿色粉末混在水里，导致有紫色、绿色废水进入内河，对这家工厂我们立即进行查处、关停、取缔，现在案件还在查处过程中。针对刚才讲到的这些问题，我们将进一步加强对沿河工业企业的监管。采取几个方面的措施：

第一个针对沿河重点的工业企业排污单位要求安装24小时在线监测系统，而且要联网到环境监控系统，我们可以随时调度，出现问题可以随时报警，及时进行查处；第二个对非重点的工业排污单位，我们按照双随机的要求，不定期地对企业进行抽查、检查，还和相关的市直部门一起进行联合检查，每个月有1—3次对沿河工业企业，洗车业、餐饮业进行联合检查，发现问题及时查处。第三个方面，结合我们环保系统的清流行动等一些专项行动，还有中央环保督察的整改工作，我们生态环境隐患大排查、大整治的工作，对这些企业环境安全管理进行严格的检查，及时发现问题，对存在的乱堆放、滴洒漏的问题及时进行提醒、纠正，出现有违法行为及时进行查处。第四个方面，根据12345等收到的市民投诉和举报，我们及时对相关问题进行核查，对违法行为及时进行查处。三年以来，我们对沿河46家企业和单位进行了行政处罚，会同属地取缔186家小散乱污企业，处罚金额达到300万元，下一步会进一步落实到内河管理办法，加强监管，共同建设水清岸绿的良好水系。

第二个问题，刚才网友提到怎么样推动工业园区建设污水集中处理设施的问题，这方面我们做了三项工作：一是提请市政府研究制定印发《福州市水污染防治行动实施方案》，要求所有工业园区都必须全部实现污水集中处理，而且要安装24小时自动在线监测装置。这项工作由主管园区的工信和商务部门牵头，属地政府来负责落实。二是我们把这项任务列入到福州市三年污染防治攻坚战的总体任务和重点工作，列入到各个县、市、区党政领导环保目标责任书的内容进行考核，定期进行通报、约谈和开展督查。三是结合两轮的中央生态环境督察和各类的环保专项督察工作，发现园区污水处理设施建设方面存在的问题，及时提请相关部门和属地政府来进行整改，对帐销号。目前，福州市一共有14家省级以上的各类开发区和工业园区，还有5家省级以下的，都通过自建污水处理厂或接入市政污水管网方式，全部实现污水集中处理。汇报完毕，谢谢！

林副主任说,第二个问题请晋安区政府回答。

晋安区政府林区长答。

感谢网友对晋安区的关心、关爱,刚才网友提到这个问题可能是某个环节出了问题,正常情况下,晴天是不能排到污水井的,会后我们会到现场仔细排查。同时,要求一定要落实企业责任,加强巡查,把这些问题解决清楚。汇报完毕。

林副主任说,由于时间关系,本次专题询问问答环节到此结束,部分委员代表还有一些问题会后人大常委会整理汇总一下交由有关部门回答办理。下面请市政府杨新坚副市长作表态发言。

杨副市长说,今天下午半天时间,我们都筹备了相当一段时间,市人大各位领导、各位委员、各位代表辛勤的劳动和付出,经过全程聆听专询的问题,我感受非常多,问题问得非常精准、非常专业、非常针对、也非常全面,这是我发自内心的。今天下午实际上针对《福州市城市内河管理办法》的实施情况,各位都问了非常专业的问题。水这篇文章要做好,也涉及到涝的问题,今天主要围绕生态水系的问题。生态水系的这个问题要做好,这里面有好多环节,今天吴委员问的污水浓度问题,过去更差,福建省平均是178mg/L,我们希望通过改造超越这个指标,我们还在探讨。当年王书记给陈局长布置了11道题目,最后这11道题目转到市政府这里来。这些问题,管网也好,小区改造也好,晴天为什么能够出污水也好,污水处理厂提标改造也做了,COD怎么提高也好,我们相关环节想了很多办法。刚才说了后续还有三年行动,我觉得今天是一个提醒,当然我们这三四年的治水也涉及到内涝的问题,这几年一百多条河道整治过程当中新打通十几、二十条,刚才陈同志讲的清淤扩河也做了,提高强降雨期间福州市排涝能力1600万方到1800万方。同时,王书记也出了11道题目给我们作答,一切围绕着福州市的水系统做文章。但是做到今天只是阶段性的成效。不论是水环境方面,还是内涝治理方面都是阶段性的成效,我们还要努力。今天大家所提的问题,包括人大各位委员、各位代表、各行业专家,还有网友提的问题,这些问题给我们很大的鞭策,这个鞭策里面包括问题导向,说明我们尾巴还没有扫完,长效治理还在路上,给我们很多保持清醒和警醒的感受。我再次代表市政府对在座的市人大各位代表和各位委员,包括对福州市城市内河、城市水系治理工作给予的关心、理解、支持的广大网友,表示衷心的感谢!在这里表个态,市政府和市政府相关部门一定会以今天的会议精神作为一个新的起点,我们的水系综合治理工作会再持续,我们的整治工作会更彻底,我们效果还要再巩固,机制还要再完善,一定会坚持以人民为中心的理念,把水环境的治理和管理这个工作长期持续地抓下去。

我表态后续抓几件事情:第一个,落实今天专询问题清单。因为这些提的问题都非常专业,都非常有针对性,都是在治理中帮助我们发现的问题,林副主任说帮助政府助推,我觉得非常对。刚才市人大常委会林副主任有安排会后梳理,政府这边梳理完以后跟人大对接,有的专题性要去深度解剖,从中发现问题,把背后问题、深层原因全部搞清楚、搞明白,能够举一反三解决这些问题。今天各区区长都来了,一定要按照区域的特点,鼓楼有鼓楼的特点,台江有台江的特点,好多老河都在鼓楼、台江,很难治,目前有一些局限性。所以我想鼓楼、台江一定要彻底完成。仓山、晋安都各有特点,马尾有马尾的特点。连江东岱镇做得不错,后面跟尤市长报告,财政很支持,给予奖励200万元。今天长乐和闽侯也在,福州城区作为示范,我希望各县区跟上,这是一个表态,完整的梳理和落实今天专题询问的清单,这是一件事情。

第二件事情,进一步加快水系项目扫尾。主干河道力求7月前后完工,支流力求国庆前后完工,全面验收、移交、整改。主干河道国庆之前全部要验收,支流年底之前全部验收完成,我想这个也是代表政府作出的郑重承诺。

第三个表态,进一步强化各方治河管河的责任,这里面重点要落实河长制。该企业河长做的,企业河长要干起来;该政府河长做的,政府河长要干起来。购买服务的监督机制要建立起来。包括今天各位人大常委会领导说到对执法这一块,如何完善联动机制,如何落实分类处理，维护水环境、水安全，包括城管委林主任刚才讲到举报有奖，我觉得这个点子很好。我们会后想对河道执法这一块，如何在操作层面、落实层面考虑得协作机制更加完善，我们带回去研究，强化各方责任非常重要。

第四个表态，巩固提升内河水质。为什么说永远在路上，刚才代表讲的很好，管网太重要，福州市2500多公里的管网，其中污水管网900多公里，谁能够想到我们五十年、一百年没有看过病，但是一看过病，福州市三分之二管网都是有病的。按照正常的计划要"8年抗战"才能完成，当年王书记和尤市长决定力争三年完成，今年是第三年，我估计高质量完成还得到明年。如果这个管网不完成，整个福州市水生态安全是不彻底的，是不完整的，这是一个我要在这里补充汇报的。

第二个，今天还有个问题没有谈到，就是福州市老旧小区。在这两年改造之前没有一个老旧小区底下的管网雨污分流，意味着这些污水渗透，鼓楼区，包括各区这两年做得好，把粪坑掏了一下，如果不掏渗透得更厉害。这两年鼓楼区先行开展，各区相继实施老旧小区改造，为什么会把小区里面的雨污管网分流改造、清泥改造作为验收一票否决的条款，因为这是和体系连在一起，但是目前来看做得还不够。全福州市小区有3400多个，2000年之前建的有1889个，我们这三年改造了400多个，但是2017年我们还没有提系统改造，还做得很少，只有35个，主要是想把地下室的配电房改造到地面上来防止被淹。到了2018年，我们全面启动老旧小区系统治理改造，改造了300多个，2019年改造了80多个，今年五城区再改造105个，这三批都要求开展管网改造实现雨污分流。所以刚才市城区水系联排联调中心张主任说，福州市今年管道可以修好，但是排口连着一大片还有1600多个，所以前一段时间新华社领导问我为什么下雨天还能闻到臭味，后来我追查这个事情发现两个问题，一个问题市联排联调中心张主任已经收到命令，我们下雨天调度的时候一定要科学精准，不要雨还没有来排口就打开，那样污水就溢出来。现在做到雨下到家门口，到一定大时，排口才能打开,否则这个地方雨没有下,排口就打开了。第二个要卷地毯式地改造这些老旧小区,当年没有全收集这些老旧小区,包括连片棚户区,这几年市委市政府改造完一百多片以后,基本上大片消灭干净了,今天各区区长都在这里,他们想小的先弄完,但是我们市里面倒挂很厉害,还要跟产业匹配,我们也要积极推进。所以,我想要巩固整个福州市水生态、水安全,要把这几个系统叠加在一起做,老旧小区做,管网做,然后精细精准调度。刚才吴委员提的COD一定会上去,这样会形成一个链条。

刚才市水利局陈局长汇报内涝的问题,高水高排还没有发挥作用,刚才提的那一个门口积水没有退掉,我想市联排联调中心张主任要深入解剖,不能停在表面上,就事论事,这个地方为什么有三个位置积水没有退掉。每一次都找到答案,我想内涝控制的程度缓解就可以大大改善。库容挖了40万方,调度加了20万方,为整个晋安河畔,包括华林路解决了60万方,以前淹了,为什么现在没有淹,这和整个这一轮改造有巨大的关系。因为我不是科学家,我也不是水利局,但是整个综合整治下去,我可以判定这一届市委、市政府,包括人大,对于内河水系改造,包括内涝治理还是有阶段性的成果。今天表态的第四个问题稍微展开做补充汇报。

总之,福州市的内河从下半年开始进入收尾管养阶段。根据《福州市城市内河管理办法》要求,把今天专询会作为新的起点,要以目标为导向,以结果为导向,把今天的成果转化为我们新的行动动力,把问题一件一件消化吸收,再总结提升,一定尽最大的努力,进一步巩固内河治理的成果,形成一个比较稳定的管养机制。再次感谢人大常委会各位领导、各位代表给我们的支持帮助!

林副主任说,同志们,今天下午的会议,聚焦突出问题,深入研讨交流,刚才常委会组成人员、人大代表、网友们从提升内河水质、完善管网建设维护、污水处理提质增效、水系综合治理PPP项目包等方面进行了有针对性的询问。大多是城市水系综合治理工作中的重点难点和人民群众普遍关心的问题。市政府及有关部门、相关县区的负责同志都作了实事求是、坦诚细致的回答,特别是杨新

附件三　福州市人大联组会议专题询问《福州市城市内河管理办法》实施情况

坚副市长代表市政府刚才作出了四点表态发言，我觉得杨副市长的表态很有操作性，点评很到位。今天的专题询问开门见山，直奔主题，不回避问题，总的来说，通过这次专题询问，既增进了问答双方的理解，又加强了政府及相关部门的工作压力和动力，必将对我市进一步推动城市水系综合治理工作产生很好的推动作用。会议达到了预期目的和效果。虽然说现在在暗访调研中个别几条河存在问题，我想这也是很正常的，因为福州的内河污染时间很久远，前几年看内河黑臭司空见惯，现在来看我觉得群众的期望值也高了，我们去调研的时候群众针对一些问题哪里做得很好，为什么我们这里不如那里，群众对美好生活的期盼是我们追求的目标。希望大家一起慎终如始，久久为功，把内河治理继续巩固、继续提升发挥福州城市内河的综合功能，为建设新时代有福之州、幸福之城，我们一起作出积极的努力。今天下午的专题询问会到此结束，谢谢大家参与！

参考文献

一 经典文献类

《马克思恩格斯全集》第 17 卷，人民出版社 1965 年版。
《马克思恩格斯选集》第 3 卷，人民出版社 2012 年版。
《马克思恩格斯选集》第 4 卷，人民出版社 2012 年版。
《列宁全集》第 11 卷，人民出版社 1987 年版。
《列宁全集》第 26 卷，人民出版社 1959 年版。
《列宁全集》第 31 卷，人民出版社 2017 年版．
《列宁全集》第 33 卷，人民出版社 1985 年版。
《列宁全集》第 34 卷，人民出版社 1987 年版。
《列宁全集》第 43 卷，人民出版社 1987 年版。
《毛泽东、邓小平、江泽民论干部监督》，党建读物出版社 2000 年版。
《毛泽东选集》第 3 卷，人民出版社 1991 年版。
《毛泽东选集》第 4 卷，人民出版社 1991 年版。
《邓小平文选》第 1 卷，人民出版社 1994 年版。
《邓小平文选》第 2 卷，人民出版社 1994 年版。
《刘少奇选集》下卷，人民出版社 1985 年版。
江泽民：《论党的建设》，中央文献出版社 2001 年版。
习近平：《在庆祝全国人民代表大会成立 60 周年大会上的讲话》，人民出版社 2014 年版。
《习近平谈治国理政》，外文出版社 2014 年版。
《习近平关于社会主义政治建设论述摘编》，中央文献出版社 2017 年版。

习近平：《坚持和完善人民代表大会制度　不断发展全过程人民民主》，《人民日报》2021年10月15日。

《中共中央关于坚持和完善中国特色社会主义制度、推进国家治理体系和治理能力现代化若干重大问题的决定》，人民出版社2019年版。

中共中央文献研究室编：《毛泽东年谱（1893—1949）》中卷，中央文献出版社2013年版。

中共中央文献研究室编：《十六大以来重要文献选编》上册，中央文献出版社2005年版。

中共中央文献研究室编：《十八大以来重要文献选编》上册，中央文献出版社2014年版。

二　著作类

（春秋）李聃：《道德经》，赵炜编译，三秦出版社2018年版。

（春秋）左丘明：《左传》，蒋冀骋标点，岳麓书社1988年版。

（战国）荀子：《荀子》，孙安邦、马银华译注，山西古籍出版社2003年版。

（战国）荀子：《荀子》，祝鸿杰校注，浙江古籍出版社1999年版。

（东汉）王符：《潜夫论》，龚祖培校，辽宁教育出版社2000年版。

（西汉）贾谊：《新书》，方向东译注，中华书局2012年版。

（西汉）刘安：《淮南子》，舒舍校对，岳麓书社2015年版。

（西汉）司马迁：《史记》，胡怀琛选注，崇文书局2014年版。

（唐）吴兢：《贞观政要》，滕帅、李明译注，岳麓书社2014年版。

（南宋）朱熹：《四书章句集注》，浙江古籍出版社2013年版。

（明）黄宗羲：《明夷待访录译注》，李伟译注，岳麓书社2008年版。

（明）张居正：《张居正奏疏集》，潘林编注，华东师范大学出版社2014年版。

（清）唐甄：《潜书注》，四川人民出版社1984年版。

蔡定剑：《中国人民代表大会制度》，法律出版社2003年第四版。

陈国权：《权力制约监督论》，浙江大学出版社 2013 年版。

樊浩：《中国大众意识形态报告》，中国社会科学出版社 2012 年版。

《礼记》，叶绍钧选注，商务印书馆 1947 年版。

林伯海：《人民代表大会监督制度的分析与构建》，中国社会科学出版社 2004 年版。

刘政、程湘清：《人大监督探索》，中国民主法制出版社 2002 年版。

陆学艺：《当代中国社会流动》，社会科学文献出版社 2004 年版。

全良年：《论语译注》，上海书店出版社 2009 年版。

任喜荣：《地方人大监督权论》，中国人民大学出版社 2013 年版。

先秦诸子：《尚书》，线装书局 2007 年版。

杨阳：《王权的图腾化》，浙江人民出版社 2000 年版。

尤光付：《中外监督制度比较》，商务印书馆 2003 年版。

于凤梧：《卢梭思想概论》，北京师范大学出版社 1986 年版。

卓凡：《中华苏维埃法制史》，江西高校出版社 1992 年版。

［德］哈贝马斯：《公共领域的结构转型》，曹卫东等译，学林出版社 1999 年版。

［德］哈贝马斯：《在事实与规范之间——关于法律和民主法治国的商谈理论》，童世骏译，生活·读书·新知三联书店 2003 年版。

［德］霍尔斯特：《哈贝马斯传》，章国锋译，东方出版中心 2000 年版。

［法］卢梭：《论人类不平等的起源和基础》，李常山等译，商务印书馆 1997 年版

［法］卢梭：《社会契约论》，何兆武译，商务印书馆 2003 年版。

［法］孟德斯鸠：《论法的精神》上册，孙立坚译，陕西人民出版社 2001 年版。

［美］汉密尔顿、杰伊、麦迪逊：《联邦党人文集》，程逢如等译，商务印书馆 1980 年版。

［英］J. S. 密尔：《代议制政府》，汪瑄译，商务印书馆 1982 年版。

［英］洛克：《政府论》下篇，叶启芳、瞿菊农译，商务印书馆

2009年版。

三 论文类

陈佳：《公民教育与代议制民主——对 J. S. 密尔〈代议制政府〉的另种解读》，《福建教育学院学报》2010年第6期。

程竹汝：《监督权——人大权力总量的百分之五十》，《上海人大》2010年第11期。

戴激涛、张秋红：《专题询问：增强人大监督实效的重要举措——基于广东各级人大开展专题询问的思考》，《人大研究》2012年第9期。

丁一、余晔：《直接制民主与代议制民主比较分析》，《国际关系学院学报》2011年第2期。

冯家亮：《卢梭和哈贝马斯的人民主权思想之差异》，《兰州学刊》2007年第1期。

龚晓珺：《论哈贝马斯的"生活世界"殖民化批判理论》，《广西大学学报》2007年第3期。

蒋鹏军：《对加强地方人大监督工作的思考》，《吉林人大》2020年第6期。

赖斌：《从广东实践看新阶段专题询问提质增效问题》，《人民之声》2020年第11期。

李尚坤：《近期全国省级人大常委会开展专题询问情况扫描》，《人大研究》2012年第7期。

李云刚：《谈专题询问的法律定位问题》，《山东人大工作》2014年第6期。

刘健：《关于开展专题询问的实践与思考》，《人民之友》2019年第11期。

刘少杰：《当代中国社会转型的实质与缺失》，《学习与探索》2014年第9期。

柳美景、文早：《关于开展专题询问工作的调研与思考》，《人民之友》2020年第4期。

罗星：《党和国家监督体系视域下的人大监督现状与改革路径》，《人大研究》2020年第6期。

束锦：《胡锦涛同志权力监督思想研究》，《毛泽东思想研究》2010年第27卷第6期。

隋志强、张开忠、黄兰松：《关于健全人大专题询问规范化、制度化、常态化机制研究》，《山东人大工作》2018年第11期。

陶相根：《人民民主专政理论对无产阶级专政学说的运用和发展》，《理论观察》2009年第6期。

王臣申：《数字化改革：基层人大监督制度重塑路径研究》，《宁波经济》2021年第11期。

王嫚：《乡镇人大监督权理论、问题及思考》，《法制与社会》2021年第1期。

王群：《地方人大开展专题询问之我见》，《人大研究》2011年第2期。

魏吉昌：《做好人大专题询问的思考与对策》，《人大工作探讨》2021年第12期。

邬思源：《论马克思恩格斯权力监督与制约思想》，《求实》2008年第6期。

吴畏：《论实质合理性》，《哲学分析》2018年第9期。

席文启：《询问、质询与专题询问》（下），《北京人大》2016年第4期。

肖文涛：《我国转型期社会问题的理性思考》，《中共中央党校学报》2001年第4期。

严海良：《超越人权与人民主权的对峙：哈贝马斯的人民主权理论探析》，《学海》2005年第6期。

杨树人：《论人大常委会专题询问的法制化》，《四川行政学院学报》2014年第4期。

张华：《论代议制民主的产生与发展》，《城市建设理论研究》2011年第12期。

张文政、李早德：《专题询问初探》，《楚天主人》2012年第3期。

张祥浩：《论中国古代民本思想发展的历史进程》，《东南大学学报》（哲学社会科学版）2002年第3期。

赵晓宇：《民本与民主：比较视阈下的异与"通"——兼论中国民主政治主体性的建构》，《人文杂志》2012年第3期。

朱霞：《人的活动价值取向的历史演变》，《魅力中国》2011年第7期。

朱仰民、孟宪石：《人大专题询问制度研究》，《山东人大工作》2020年第12期。

四 报纸类

戴志华：《加快打造"专题询问2.0版"——改进和完善人大专题询问的再思考》，《人民代表报》2016年5月10日第3版。

胡鞍钢：《人民社会为何优于公民社会》，《人民日报》（海外版）2013年7月19日第1版。

《江泽民同志在中央纪委第六次全会上的讲话》，《人民日报》1996年3月1日。

李映青：《云南省人大联组会议专题询问医药卫生体制改革》，《中国日报》2013年5月31日。

王宁：《四川省人民代表大会常务委员会工作报告》，《四川时报》2022年1月29日。

张雪飞、刘晓颖、张潇予：《云南"专题询问"关注城镇保障性住房建设情况》，《云南日报》2011年9月29日。

五 电子文献类

《福州市人大常委会〈福州市城市内河管理办法〉实施情况专题询问》，福州新闻网（http://news.fznews.com.cn/zt/2020/fzrdnhglgz/），2020年6月29日。

《国务院关于建设现代综合交通运输体系有关工作情况报告专题询问》，中国人大网（http://www.npc.gov.cn/wszb/zb19/zzzb19.shtml），2021年6月9日。

《全国人大常委会有关负责人谈〈关于改进完善专题询问工作的若干意见〉》，中国政府网（http：//www.gov.cn/xinwen/2015-04/09/content_2844296.htm），2015年4月9日。

《完善专题询问　加强人大监督——新时代全国人大常委会监督工作的创新实践》，共产党员网（https：//www.12371.cn/2019/07/17/ARTI1563326725813819.shtml），2014年9月5日。

云南省人大常委会办公厅：《云南省第十三届人大常委会第九次会议简报》（5），2019年3月26日。

《专题询问初探》，中国人大网（http：//www.npc.gov.cn/npc/c7266/201205/acd1d7ddbda04a9f815301abc228771f.shtml），2012年5月7日。

后　记

　　人大专题询问一直都是各层级人大积极探索的特色领域。自2010年6月全国人大常委会首次开展专题询问以来，各级人大常委会相继对这项制度进行了探索和实践，逐渐形成我国人大监督的新方向、新途径、新方式，为增强人大监督工作的针对性和实效性具有积极意义。

　　近年来，云南省委在制定云南省重大改革建设规划中，把人大及其常委会的监督制度确定为重点工作内容，为云南省人大专题询问制度的规范化、常态化和长效化夯实了基础。2015年8月，由云南省人大常委会常务副主任杨应楠同志领衔申报的《人大专题询问监督方式研究》课题获得立项，组成了联合课题组，我作为研究人员代表云南大学参加了课题的研究工作。研究工作启动后，在云南省人大常委会办公厅领导的带领下，课题组成员先后到全国人大常委会办公厅、北京市人大常委会办公厅、浙江省人大常委会办公厅、安徽省人大常委会办公厅等地进行了学习考察，详细了解了专题询问工作的组织形式、主要程序、关键环节等问题，同时也听取了云南省人大常委会办公厅组织的多场专题询问会议，使我全面建立了对我国人大专题询问的感性认识。随后，结合政治学、法学、管理学等相关理论对专题询问进行了学理性思考，并到省内外开展调研，进行资料收集和统计梳理，确定研究方案和框架，撰写研究报告。研究报告撰写完毕后，又依托云南省人大常委会研究室组织了多次专家咨询会和论证会，听取各个方面的意见和建议，对研究报告做进一步的修改，同时向云南省人大常委会办公厅提交了咨询报告，并得到肯定。本书是该课题研究的一项重要成果。

本书作为该课题研究的成果之一，凝结了云南省人大常委会办公厅、研究室的领导和同志们，以及课题组成员和相关领域专家的智慧和汗水。在本书的写作中，首先，得到了云南省人大常委会办公厅和研究室、云南大学党委领导和马克思主义学院领导的支持和关心。其次，云南省人大常委会副秘书长单文同志亲自阅读修改，给予审定；云南大学党委书记林文勋教授亲自为本书写序，给予鼓励；云南省人大常委会研究室副主任尹保生同志提出了中肯的修改意见；云南大学马克思主义学院专门给予出版经费的资助；此外，还得到了云南大学法学院刘国乾博士和刘红春博士、中国政法大学梁松博士的热心帮助，以及云南大学原公共管理学院毕业的研究生史世奎、杨松禄、李亚等同学帮助我做了大量的资料收集和文稿整理工作，在此一并表示衷心的感谢！

最后，衷心感谢中国社会科学出版社的田文编辑对本书提出的修改意见，以及为本书的设计编排付出的辛勤汗水！

由于本人的水平和能力有限，书中难免有不成熟和不妥之处，还请读者给予批评指正。

杨志玲

2021 年 10 月 20 日